中國讀本

历史篇

苏叔阳 著

广西教育出版社
南 宁

图书在版编目（CIP）数据

中国读本 / 苏叔阳著 . —南宁 : 广西教育出版社 ,
2021.8
ISBN 978-7-5435-8909-4

Ⅰ . ①中… Ⅱ . ①苏… Ⅲ . ①中国－概况 Ⅳ .
① K92

中国版本图书馆 CIP 数据核字 (2021) 第 126161 号

中国读本
ZHONGGUO DUBEN

项目策划：黄红杰 王飞峙 孙华明
特约编辑：朱 璐
责任编辑：孙华明 陆施豆
责任校对：陆媱澄 谢桂清 刘汉明
装帧设计：今亮後聲 HOPESOUND 2580590616@qq.com · 张今亮 任晓宇 梅杨
责任技编：蒋 媛

出 版 人：石立民
出版发行：广西教育出版社
地　　址：广西南宁市鲤湾路 8 号
邮政编码：530022
电　　话：0771-5865797
本社网址：http://www.gxeph.com
电子信箱：gxeph @vip.163.com
印　　刷：北京博海升彩色印刷有限公司
开　　本：880mm × 1230mm 1/32
印　　张：15.5
字　　数：300 千字
版　　次：2021 年 8 月第 1 版
印　　次：2021 年 8 月第 1 次印刷
书　　号：ISBN 978-7-5435-8909-4
定　　价：128.00 元（全 2 册）

我曾经年轻的生命正一天天走向衰老，而我古老的民族却一天天愈加美丽又年轻；我少年时的梦常常堆满惶惑和惆怅，而我的共和国之梦总是色彩斑斓又温存多情；年轻时总想生命的意义是了解世界，现在才知道了解世界的意义在于为我的民族奉献一生；小时候读一点点书就觉得聪明，现在知道了花费一生也难以说清中华民族优秀的文明；我曾经迷惑于我们民族的“劣根性”，如今知道了民众是我们维护中华文明的真正的英雄；我必须热爱我们民族悠久的文明，因为我是中国人，只能有颗中国心、一个中国的魂灵；感谢母亲生我在这片大地、这个民族，感谢祖国赐我这支笔写出我热爱中国的心情；我相信中华文明永不会衰老，因为她就是我们的太阳，每天都会升起，照亮新的征程。

苏叔陽

2015 年 2 月 16 日星期一

南水已进京，新春又来临

讲好中国故事　塑造中国形象

德国出版界有一句流行语，叫作“故事驱动国家”。想来故事对国家形象的塑造是怎么强调都不过分的。好的故事就像种子，随风传播到世界各地，然后生根发芽。

中国是一个伟大的国家，而中华文明是唯一未曾断裂的古老而又现代的文明。在博采众长的发展中，伟大的中国发生了不知多少色彩斑斓的故事，而苏叔阳先生正是这些故事的咏诵者之一，他的《中国读本》正是我们讲好中国故事的典范。

习近平总书记一贯重视讲好中国故事，谆谆告诫我们要更好地推动中华文化走出去，以文载道，以文传声，以文化人，向世界阐释和推介更多具有中国特色、体现中国精神、蕴藏中国智慧的优秀文化。要注重把握好基调，既开放自信也谦逊谦和，努力塑造可信、可爱、可敬的中国形象。

然而，如何以文载道，以文传声，以文化人？如何做到可信、可爱又可敬呢？显然，目前中国文化向世界传播的力度以及对世界的影响力，与中国文化本身丰富的内涵和底蕴是不相匹配的，这极大地影响了国家话语体系的构建与提升。以图书出版贸易为例：根据国家新闻出版署发布的《2018年全国新闻出版业基本情况》，在出版物进出口方面，全国出版物进出口经营单位累计进口图书、报纸、期刊4088.02万册（份）、36202.19万美元，与上年相比，数量增长25.57%，金额增长13.21%；累计出口1478.09万册（份）、5723.00万美元，与上年相比，数量降低20.99%，金额降低5.01%。

借助外力传播中国声音，我们有很多鲜活的案例，比较早的有马可·波罗，这个在苏叔阳先生《中国读本》的序言中有详细的介绍，相信读过此书的读者一定会有深刻的印象和体会。

还有一个我们经常引用的案例就是埃德加·斯诺先生和他的《西行漫记》(《红星照耀中国》)。这本不朽的著作写出了斯诺先生在中国西北革命根据地的所见所闻，从多方面展示了中国共产党为民族解放所作出的杰出贡献，特别记述了中国工农红军的许多将领，读来鲜活，可信度极高。该书的出版及传播，极大地瓦解了种种歪曲、丑化中国共产党的谣言，有效地缓解了外界特别是西方世界对中国共产党的误解，使中国共产党在很大程度上获得国内外反法西斯力量的支持。

未来学家，《大趋势》《亚洲大趋势》的作者约翰·奈斯比特先生则是一个比较近的案例。我在年轻的时候有幸读过他的《大趋势》，随后到来的种种现象证实了他对世界趋势的研究和判断，着实令人震撼。后来，我在认识他的第一时间便邀请他写一本《中国大趋势》。奈斯比特先生说："中国很大，故事却很少。"言外之意是他写书也是讲故事，之所以没写中国，是因为故事太少。我说："中国的故事其实多得不得了，您多来几次，多走走看看，就知道了。"在中国有关方面的帮助下，奈斯比特先生不仅完成了《中国大趋势》的写作，并且大获成功。看着意犹未尽的奈斯比特先生，我们又促成了他与"中国第一新闻官"赵启正先生的《对话：中国模式》，成为当时的热门话题。

外国人，特别是有正见、有影响的外国人写中国固然好，好在他们能站在一个我们所不能的角度描述中国。加之他们的话语体系与西方一致，没有语言乃至文化障碍，融入西方主流社会就容易很多。但他们对中国的了解毕竟有限，无论他在中国多少年，认识多少中国人，他们的认知始终很难跨越那条或隐或现的文明鸿沟。比如好莱坞的电影《功夫熊猫》《花木兰》，虽然广受欢迎和好评，但中国人看着却总觉得怪怪的，他们的熊猫和花木兰是好莱坞的而不是中国的。相反中国人讲中国故事就会容易得多，苏叔阳先生的《中国读本》就是一个成功讲述中国故事的案例。

读《中国读本》就像徜徉在一条温暖的小溪，漫步在林荫小道，舒适惬意间已经把伟大而美丽的中国无数遍地琢磨、品味，汲取其中的营养，滋润着读者的心田。曾经为中美建交出过大力气的基辛格博士对中国应该是极为了解的，他的《论中国》被认为是知华友华的上乘之作。就连他也曾直率地指出，你们其实做得不错，但你们的表达过于完美。谁会相信世界上存在没有缺点的国家？事实上也是这样。一个国家与一个人一样，当你介绍一个人的时候，如果都是优点，可信度就低，甚至会被人质疑你所说的优点。《中国读本》很大程度地避免了这个问题。苏叔阳先生娓娓道来的不仅仅是中国的优秀，还有不足。比如讲到中国的汉字，除了超越时代、超越方言、信息量大、衍生构词能力强、字形区别性强等优点，同时也有诸如字数太多、字形结构复杂、字音难读以及一字多义等缺点。在讲到中国的哲人时也说到了他们的局限性。正是有了这些瑕不掩瑜的故事节点，再加上作者诗意盎然的文字，使得中国故事更有滋味有嚼头，更激发了人们深入研究的兴趣。所以，该书一经出版便走向世界，十几种文字的出版给这本书插上了翅膀，飞向世界不同国家不同民族的读者身边，使他们能够看到、读懂一个也许没去过的国度，从而喜欢上这个国家，迫切地要来走一趟。

特别要说的是书中大量配置的插图，不仅精彩纷呈，更是帮助读者特别是外国读者的阅读指引。

我们要感谢苏叔阳先生这样愿意并且能讲好中国故事的大家，也感谢广西教育出版社这样愿意并能出版好这本佳作的出版单位。是他们给了我们最好的精神食粮。

吴伟

2021 年 8 月 6 日于北京

目录

第三章

悠久的历史

第四章

不断前进的人民共和国

第五章

对人类的卓越贡献

第六章

光辉灿烂的未来

引子

公元1275年夏，马可·波罗（Marco Polo，1254~1324年）终于来到了他梦寐以求的元朝上都（今内蒙古自治区多伦县西北）。蓝天显得格外高远，几缕多情的白云斜嵌在远山的头顶，宛如美女头上轻俏的纱巾。鸽子在阳光下得意地盘旋，风把它们的鸽哨声吹进威严的皇宫。

皇宫里，威尼斯富商尼古拉·波罗，他的弟弟玛窦·波罗和他的儿子——21岁的马可·波罗受到元世祖忽必烈的接见。他们走了三年多才从故乡来到上都。有着辽阔的疆土和同样辽阔心胸的忽必烈，对从遥远的意大利赶来觐见他的商人产生了浓厚的兴趣。特别是那个年轻人，那个有一双活泼的蓝眼睛和宽额头的马可·波罗，让这位蒙古族的中国皇帝分外喜欢。他任命这三个威尼斯商人以客卿身份在元朝供职。马可·波罗不辱使命，很快学会了蒙古语和汉语，除了在大都（今北京）应差，还经常奉命巡视各省甚至出使国外。据说他还曾被任命为扬州总管，在东南各地住了三年。扬州是当时的大都会、水陆码头。那繁盛的都市生活，给他留下了终生难忘的印象。如今，热情的扬州人在天宁寺里建立了马可·波罗纪念馆。

据说马可·波罗在中国度过了17年，1292年，奉命由海道护送元朝公主阔阔真远嫁阿鲁浑汗（即伊儿汗，旭烈兀的后人），得以辗转西归。三年后，回到威尼斯。41岁的马可·波罗凭借从中国带回的金银财宝而成了威尼斯尽人皆知的富豪。

1298年，马可·波罗参加威尼斯和商业劲敌热那亚的战争，兵败被俘，囚禁在热那亚的监牢中。身处禁锢，在忧烦的苦闷中，往日旅途的见闻和峥嵘的岁月又重现在眼前，催促他开口。于是他向同狱的监友，一个名叫鲁思梯谦（Rusticiano）的会用当时流行的法语写文章的人，口授他的见闻。这便是后来的传世之作《东方见闻录》（也译为《马可·波罗行纪》）。

这本监狱里诞生的巨著，一问世就不胫而走，几个月内就传遍了意大利，很快地被译成各种文字。相信和怀疑它的真实性的人，纷纷对它考证和诠释，一门“东学”诞生了，更激起欧洲人对东方特别是中国持久不衰的兴趣。哥伦布阅读了这本书，带着西班牙国王致中国皇帝的国书于1492年出发去中国和印度，却无意中来到了美洲。他简直不能相信上帝会给自己一个这样的玩笑，直到生命的最后一刻，这位固执的旅行家还相信他踏上的大陆是印度，他登陆的岛屿（今巴哈马群岛）是日本。可怜的哥伦布是在马可·波罗的指引下，误打误撞地发现“新大陆”的。

不管怎么说，马可·波罗是第一位游历东方并且留下重要文献的欧洲人。他第一次轻轻揭开了东方特别是中国的面纱，介绍了13世纪强大的大元帝国的风貌和风情，引起西方探索中国魅力的永恒的热情。无数西方的哲人以自己的睿智论说中国的文明，在历史的地平线上瞭望遥远的中国，渴望和这块土地上的人们心心相连。岁月如水一样地流走。如今，一个曾在睡梦中贫弱的中国，正在和平崛起。全世界都听到了她亲切的问候，都看到了她前行的脚步，重新燃起更加了解她的强烈的欲望，要比马可·波罗的了解更加深刻、更加全面、更加清晰。

中国是一个怎样的国家？她走过怎样的道路？她悠久的文明都是些什么？亲爱的读者朋友，这些问题在您读过了本书之后，就会得出自己的答案。阅读本书，就是您走进中国，走进新世界的一次发现之旅。

第一章 幅员辽阔的家园

壹

创世神话

盘古开天辟地

世界各个民族几乎都有自己的“创世神话”来回答天、地、人是怎样形成的。各民族的创世神话虽然各有不同，却也有相似或者相同之处，反映出先民们虽然处在信息不发达的蛮荒时代，却也有相近的思维。

古希腊的创世神话，流传甚广，是人类共有的文明财富。希腊神话告诉我们，“原初之卵”孵化出天地和万物。普罗米修斯用湿润的泥土捏成许多和他形似的“泥人”，又把许多动物的“善”与“恶”捏在一起成为心脏，封闭在那些泥人的胸膛。美丽的女神雅典娜可怜那些半活的麻木的“泥人”，便向他们吹去灵动温柔的气息，那些“泥人”便活起来，渐渐布满了大地，这便是人类。经历了黄金时代、白银时代和青铜时代的人类，演出无数爱与恨、生与死、恩与仇、善与恶、美与丑、激烈与温馨的活剧，让今人谈起来依旧心潮汹涌。

印度的创世神话说天地人形成之前只有“自我”，世上的一切是源于“自我”而成的。这“自我”便是万能的神，是万物的造主和主宰。

中国的创世神话，则有另一番情趣，表现了蒙昧时期中国的先民那天才的想象力。

宋　佚名　盘古图　盘古造生人类和文化，画风古朴，构想奇特

传说，太初之始，宇宙一片空虚，不知何时竟然有了一个小小的气泡。气泡渐渐化作一团烟云，烟云又变化凝聚成为一个球体。球体日增月长，历经无数年终于成为一个通体红赤的大蛋状物。

这蛋状物里孕育了盘古。经过 18000 年，他终于从沉睡中醒来，挥动拳脚打碎这闷人的混沌。于是，天地开辟了。清而轻的阳气缓缓上升，成为清澈的天宇；浊而重的阴气渐渐下沉，凝为广阔的大地。这“阳”与“阴”的观念也是中国特有的，世界是阴阳调谐的产物。记住这一点，就又有了一把了解中国文化的钥匙。被打碎的“蛋壳”升而为群星，降而为矿藏。但这时天地之间的缝隙还不大，盘古还不能伸展他的躯体和四肢。他不愿让天地重新闭合恢复先前的混沌，便双手撑天，两足踏地，用力将天和地分离得更高更远。于是，天，日升一丈；地，日厚一丈。盘古的身躯也以日增一丈的速度成长。又过了 18000 年，盘古成了身高九万里的顶天立地的巨人，天地之间的距离

古代《山海经》插图　盘古手持斧凿，这是后人想象的开天辟地的工具

便是九万里，谓之“九重天”。

盘古创造的天地真是灵气十足。盘古高兴，天清气爽；盘古发怒，天就赶紧阴沉起来；盘古嘘气，狂风大作；盘古哭泣，一滴滴泪水化作倾盆大雨；盘古眨眼，天上划过闪电；盘古的鼾声，就是滚滚炸响的雷鸣。

伟大的盘古氏在自己开辟的天地间寂寞地生活了无数年，终于死了。他开天辟地的身躯惊天动地地倒下。他的左眼成为太阳，右眼成为月亮；他的头是东岳泰山；他的两只朝天的脚化成层峦叠嶂的西岳华山；他高挺的肚子是俊美的中岳嵩山；他的左臂是南岳衡山，右臂是北岳恒山；他的血管成为江河；他的筋脉成为山梁道路；他的皮肉是肥田沃土；他的毛发是花草树木；他的牙齿和骨骼结成金玉；他的汗水化作甘露，滋润着万物。

我们头顶的天是先祖用身躯撑起的，我们脚踏的地是先祖的血肉之躯。珍爱故土的情感隐含在这远古的传说中，这是中华民族永远深沉浓厚的情感。

盘古开天辟地的神话，不仅流传于汉族，还流传于少数民族，只是主人公的名字不同。中华民族大家庭的所有成员，都有一个共识，这便是我们的疆土是由我们的先人用血汗开创的。这位先人是天地合一孕育而成的，又用自己的勤劳创造世界。这种充分人格化的“神”，是中华民族独有的精神体现。

女娲抟泥造人

盘古氏开辟了天地，但在这天地里只有他一个人孤独地生活，又在孤独中死去。没有了盘古氏的世界，是大寂寞。天地间空空荡荡，连时间也仿佛停止了。中国的神话与传说甚至许多古典文学作品中常常表现对寂寞与孤独的咀嚼，流露出苦涩的无奈。这或许是古老文明的民族，在蒙昧时期从自己的家园怅然四顾，没有发现近邻与同伴，内心常觉空漠的反映。正如同今天的人类，在茫茫宇宙中还没有找到同自己相近的亲朋一样，感觉太寂寞，向遥远无垠的天外呼唤着另一种文明。人类多么需要彼此的呼唤和交流啊！

蛮荒的寂寞不知过了多少岁月，人类的始祖女娲氏终于出现了。在中国的神话中，蛇身人面的女娲氏是阴柔的母性形象，她来自盘古血肉之躯化成的大地。她不是天神，而是中国人心目中人类的老祖母。她不愿忍耐这寂寞，她要这美好的天地之间布满活泼泼的生灵。于是，她开始按照自己的模样来创造最初的人类。她抟黄土造人（这一点与普罗米修斯捏泥造人相似），把这些“泥娃娃”放到地上。奇迹出现了，这些“泥娃娃”一到地上，就生猛地活动起来，动手动脚，顾望四方，开口说话，又唱又笑。他们围在女娲氏身边，用整齐划

一、饱含深情的声音叫道：“妈妈！”

女娲高兴极了，便不停地抟泥造人，日夜不息。她疲乏极了，索性用树枝蘸满泥巴在地上甩来甩去。泥巴点子落到地上，立刻变成人，登上高山，走下峡谷，布满东西南北。女娲氏又把人分成男女，使之相配繁衍出无数的后代，渐渐地成为人类，绵延不绝。

总之，中华民族56个民族，早在远古的传说中就是一母同胞，皆为手足。这种观念，与中华文明多元共生、多元一体的事实相符。“和”的观念早在先民的思想中扎下了根，成为中华文明的核心观念，这是中华文明中颇为独特的因素。

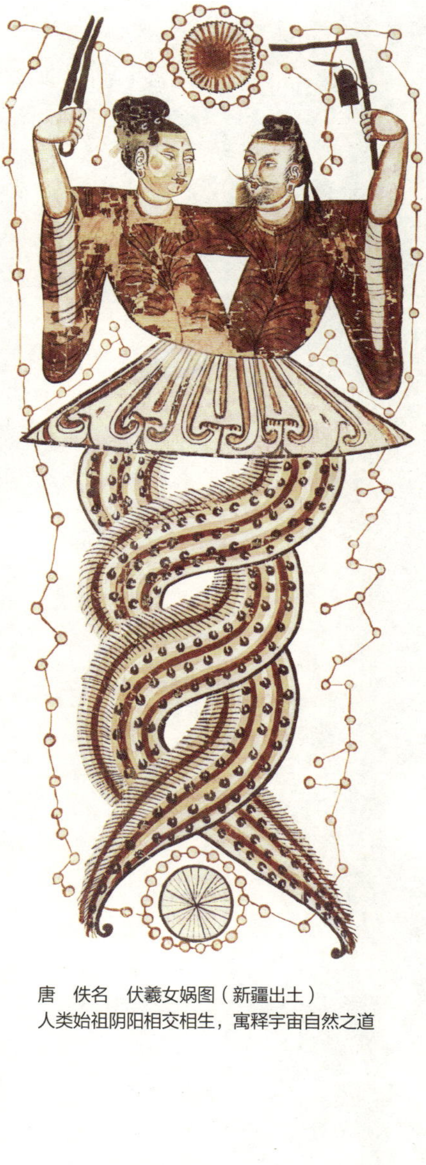

唐　佚名　伏羲女娲图（新疆出土）
人类始祖阴阳相交相生，寓释宇宙自然之道

女娲炼石补天

女娲补天

中国的创世神话与传说具有鲜明的特征，这就是朴素，与先民的生活密切相连。虽然缺乏希腊神话中那样多姿多彩、璀璨壮丽的风格，却让人感到格外的亲切，仿佛那神、那怪、那勇士、那巨人就是你身边的熟客。

中国的神话告诉我们盘古开辟的天地，是天圆地方的。天被地上的四根柱子撑起，地被绳子系着吊起。日久天长，天柱开始腐朽；地也绽开了许多裂缝，冒出烈火和臭水。天缝里则日夜滴下雨水，崩下冰雹和陨石。

有一年，火神祝融与水神共工发生了战争，共工战败，向天边逃去。祝融紧紧追赶，共工无奈，一头撞向了不周山。那不周山原来是撑天用的四根天柱之一，经共工一撞，顿时折断。于是“天倾西北，地陷东南”，西北的天空塌了一个大洞，天河的水如瀑布般流泻到地上，大地也开始摇晃、挤搓，洪水与烈火一齐肆虐。盘踞在中原沼泽中的凶恶的黑龙也趁机跑出来作乱，天地间陷入了无边的灾祸。

遍布灾难的宇宙，成为人类的炼狱。人类伟大的母亲女娲不忍儿女和世界陷入如此惨烈的灾祸，就走遍了五湖四海收集起红黄蓝白黑五色石块，又捡来一堆堆柴草燃起大火冶炼石块。火烧了七天七夜，石块化成石汁，女娲就用它来修补塌陷的天空。她又奔赴大海捉来一只大龟，斩下它的四脚替代折断的擎天柱；她又斩杀了沼泽里作怪的黑龙，把凶残的野兽赶回森林。她扬起炼石的草灰，洒向涝渍的水域，铺平了原野，天地重新恢复了勃勃的生机，只是西北的天空和东南的地表无法修补成原先的模样，比从前稍稍地倾斜一点。所以，日月星辰都在西天降落，而江河流水都滔滔不尽地奔向东南。

在人类所有的创世神话与传说中，还没有任何一个民族有与中华民族"女娲补天"相类似的神话。这反映了中华民族自古有之的匡扶社稷、补天而为的大局观。天者，国家、社会之类比也。补天的意思，就是要消弭灾祸、动乱，维系一个统一、和谐的社会整体，这是渐进、和平的观念而不是躁进与动乱。因此，"补天"历来是中国人，特别是古往今来的仁人志士自觉担负起的社会道义。

中国的神话与传说还有许多生动的故事，各具特色。这是中国先民对理想社会的描述，对忠贞爱情的讴歌，对自然万物的珍爱，对惨烈战争的反思。其中有炽热如火的情怀，恣肆夸张的想象，温馨深情的颂赞和殷殷复拳拳的期待。了解这些神话传说，就迈进了了解中国文明之门。

贰

现代中国的疆域和风貌

现代中国的领陆、领水与领空自然不是盘古氏开辟、女娲氏修补、共工氏平整而来。神话传说中的这些英雄，不过是先民对开疆拓土的祖辈的追忆与崇仰。中国辽阔的疆域是数千年来中华民族不断开拓、融合的结果。秦始皇、汉武帝、唐太宗、成吉思汗、元世祖、康熙等历代君王在奠定中国版图上，

冬天的漠河景色。漠河位于北纬 53 度附近，是中国最北部的一个边陲小城，隶属黑龙江省。那里常年寒冷，冬至前后白天只有 7 小时，当地人称之为“黑昼”。滨海之光摄

世界上最雄伟高大的山系 ——喜马拉雅山

都有不可磨灭的功绩。现代中国的版图在清王朝康熙年间基本形成。那是17世纪的中晚期，德意志正处在和法国、瑞典战与和的争执中，英格兰则忙于和荷兰争夺海上霸权。

假如你有一部飞天的神车，载着你在今日中国的云端遨游，你会发现中国的陆疆就像一个硕大无朋的阶梯，从大海中浮出，由东向西，步步升高，直达云霄，仿佛真可以踏着它步入高天。

这座巨大的“天阶”，面临太平洋，背倚亚洲大陆，位于

亚洲的东部，兼有海陆，幅员广阔。陆地面积约 960 万平方公里，几乎和欧洲相等，是世界上面积最大的国家之一。她疆域宽度东西长约 5200 公里，南北相距约 5500 公里。领土最北端是黑龙江省漠河以北黑龙江主航道的中心线，最南端是南沙群岛的曾母暗沙，南北跨纬度约 50 度。当北方进入万里飘雪的季节，南国却依旧鲜花铺地。中国领土的最东端是黑龙江和乌苏里江主航道中心线的汇合处，最西端位于帕米尔高原，东西占经度 60 多度。当东海捧出一轮新鲜的朝阳，帕米尔高原还沉浸在黑夜甜蜜的睡乡。

中国疆土的风貌，颇类乎美国：崇山、高原、盆地、沙漠、丘陵、湿地、湖泊、河流、平原组成了多姿多彩的广袤的家园。但是美国东西两侧面临大西洋和太平洋，中国只在东面被太平洋所拥抱。这又是这两个时差约 12 个小时的国家地理上的不同。

中国是个多山的国家。山区的面积约占全国总面积的 2/3。东西走向、东北到西南走向、西北到东南走向、南北走向、弧形走向的五类山脉，一列一列布满中国的疆土，就像交错的骨骼，挺起中国的身躯。

中国有世界上最雄伟高大的山系——喜马拉雅山。她的主峰是位于中国、尼泊尔交界处的珠穆朗玛峰，海拔 8848.86 米，是世界上最高的山峰，3000 万年前刚从海洋深处隆隆地升起。假如你有足够的脚力攀上珠峰，就会发现那里是远眺我们美丽的地球最佳的瞭望平台。登上珠峰的勇士们说，立足在珠峰顶上，任寒风劲吹，看云海、大地全在自己的脚下，除了蓝天，再也没有可以仰视的东西。天下你最高，你会觉得无比自豪。同时，却有一个声音对你说，人在自然的伟力面前最渺小。这两种不同的感觉杂然相混，让你情不自禁地想落泪，想纵声高呼，想匍匐在地，向神奇的大自然奉上虔诚的礼拜。

珠穆朗玛峰的庄严、圣洁和神秘，让她永葆“美丽女神”的称号。

峻秀奇险的华山，远望像花，故名华山

中国还有许多山峰具有深厚的人文意蕴。在中原地区，泰山、华山、衡山、恒山和嵩山，位于东、西、南、北、中五个方位，被分别命名为东岳、西岳、南岳、北岳和中岳，仿佛是五根擎天柱支撑起浩浩的蓝天。这自然与中国古代的神话、传说有关。它们又成为中国道教、佛教的名山。古刹名寺修建其间，历代文人骚客在山壁题诗留言，镌刻于石。方块汉字、摩崖石刻，同幽寂的寺庙、峻峭的山峰组合成奇妙的风景，成为中国山峰最独特的韵味。中国所有的名山，无不与哲人的学问、思想、踪迹有关，无不与深邃的宗教哲学有关。山以文、以人而知名，人也以山、以水而达天下。这是中国的山与别地

三峡，长江上游瞿塘峡、巫峡和西陵峡的合称，两岸悬崖绝壁，风景绝美

的山格外不同的地方。

中国是个多河流的国家。江河流域面积在 1000 平方公里以上的河流就有 1500 多条，河川年径流量为 27000 多亿立方米，位居世界第六，而水力资源则位居世界之首。水力资源总蕴藏量为 6.8 亿千瓦，其中可开发利用的为 3.7 亿千瓦。

中国的江河大多自西向东，滔滔入海。长江、黄河、黑龙江、珠江等比肩东向，注入太平洋，雅鲁藏布江、怒江等则向南注入印度洋，只有额尔齐斯河孤零零地向北奔流，注入北冰洋。还有些河流如塔里木河注入内陆的湖泊，有些则消失在沙漠里。

长江是世界第三大河，中国的第一大江，全长6300公里。

如今在旧日狭窄的三峡，修起雄伟壮观的大坝，建起水电站，滔滔江水依时行止，更富航运之利，又加灌溉之功。而且，往日三峡胜景今犹在，新的美丽又增加，当你乘着豪华游轮徜徉江面，和风吹拂你的面颊，梳理你的头发，听涛声如琴，看江山似画，你会觉得这是人生难得的一次休闲，你会永远记得这次陶醉。

黄河是中华民族的母亲河。多元一体的中华文明，在历史的年轮中渐渐形成以黄河文化为中心的丰富的统一体。黄河流域是人文先祖的主要活动区域，这里有太多的人文遗迹供游人瞻仰、凭吊。这里是全世界华人追根寻源的祖地，炎帝陵、黄帝陵、蚩尤墓都在这里。

公元 7 世纪初，当波斯占领大马士革和耶路撒冷城的时候，中国的隋炀帝下令开凿自北京至杭州的大运河。这条河全长 1794 公里，是世界上最长的人工河，在过往的岁月里曾经舟楫相接，帆樯如林，成为中国南北水运的大动脉。晚清年间漕运渐废，北运河渐渐壅塞。如今，疏通北运河的工程正在进行，自北京登舟，一路烟波，赏美景，尝佳肴，直达“天堂”——苏州、杭州的行旅，必将实现。

中国还是个多湖的国家，面积超过 100 平方公里的湖泊有 100 多个，除了五大淡水湖（鄱阳湖、洞庭湖、太湖、洪泽湖、巢湖）之外，还有许多内陆的盐湖。人们又开发了许多人工湖泊——水库，如明珠镶嵌在地上，浙江的千岛湖就是其

青海湖，中国最大的内陆咸水湖

杭州西湖，湖光山色，风景绮丽

中一个代表。

中国的湖泊除了有舟楫之便、灌溉发电之功，更兼提供丰富水产之利。青海湖中的鸟岛栖息着无数鸟群，白羽翩翩、鸣声啁啾，在茫茫的天际、水际间自由地飞翔，像是快乐的天使。还有的城市中的湖泊成为自然与人文叠加的美景。昆明的滇池，让人流连忘返；杭州的西湖，不仅有自然的美色，更有因大诗人白居易（唐代）和苏东坡（宋代）而闻名的堤岸。沿湖修桥植桃栽柳，杏花春雨时节，桃红柳绿，细雨洒桥，生出无限的诗意和柔情，加上沿岸的亭台楼榭，让游人不忍离去。扬州瘦西湖，在朦朦夜色里，二十四桥的倩影侧映湖中，淡淡的灯火与月色相融，倘若再有笛声传来，那真是让人迷倒的景色。广东惠州的西湖也与苏东坡有缘，那景色可与杭州的西湖相伯仲。

中国的湖泊，常常入诗，是诗人给了中国的湖泊以艺术的灵性，湖泊又给中国的诗歌注入温情的营养。

中国地理风貌多样，有南方热带雨林，有北方原始森林。丘陵连接着广阔的平原，伸展至漫长曲折的海岸，又有各种天然海港吞吐着巨轮。“神舟”载人飞船呼啸着从古老的丝绸之路的上空飞入天宇。神农架自然保护区的熊猫，或许正在甜甜地酣睡；美丽的“鸽子树”珙桐，这活的植物化石向海岸的红树林致意；长江里，白鳖豚和扬子鳄自由地嬉戏；远离故土的麋鹿如今又回到家乡繁衍后代。

中国矿产丰富，动植物资源多种多样，在辽阔的疆域中有许多世上的珍奇。这些都是中国经济腾飞、和平发展的物质基础。如何保护这些和人类先民共生共长的动植物，是摆在中国面前的重要课题。保护生存环境，让中国的先贤庄子（战国中晚期）所描绘的人与万物和谐相处、亲为一家的理想境界永存于世，是每一个中国人的重要使命。

叁

和谐相处的民族大家庭

中华民族是一个庞大而又友善和睦的大家庭，有 56 个兄弟姐妹。各民族兄弟姐妹其实是在中华民族的发展中经过不断融合组成这个大家庭的。中华民族人数最多的民族——汉族，本身就是由不同的民族融合而成的。

在历史上，春秋战国、魏晋南北朝和宋元三个时期，是三次大的民族融合期。

上古时期，黄帝部落、炎帝部落不断融合周围的部落，组成了炎黄部落，并将黄河中下游的各部落融合为一，这便是最初的华夏族。后来经过春秋战国 500 余年的竞争与融合，到秦汉之际，以华夏族为主，兼容同化了蛮、夷、戎、狄诸族，形成了中华民族的主体民族——汉族。以蚩尤为首领的九黎族在向东南方向发展时，也同当地的各部落融合，分别形成今日南方的诸多民族。

汉朝时，汉族与西域各民族和西南少数民族交往密切，这些民族逐渐成为中华民族大家庭中的成员。汉朝也不断同北方的匈奴族发生战争。后来，北匈奴部分西迁，逐步迁抵欧洲，引起欧洲的民族大迁徙。有的匈奴人南迁，居于长城一带。这支匈奴人同汉族关系密切，汉朝的王昭君嫁给匈奴的单

东丹王出行图（局部） 旧传为东丹王耶律倍所作

于（首领）。

魏晋南北朝时期，北方的匈奴、鲜卑、羌、羯、氐等民族内迁黄河流域，同汉族杂居，一部分渐渐融入了汉族，一部分则南迁至今日西南各地。

经过魏晋南北朝的大融合，唐朝达到中国古代历史上的鼎盛时期，各民族融洽地生活在一起。文成公主与吐蕃首领松赞干布结为夫妻，使吐蕃同中原的唐王朝建立了亲密的关系。

宋朝时，汉族与北方的契丹族、女真族不断发生战争，但征战的双方最后都成为中华民族大家庭的成员。

元朝结束了五代以来 300 多年的政权对立局面，长期各据一方的各民族政权，最终被统一国家政权所替代。大规模、

多方面的民族迁徙活动一直不断，既有各少数民族人口不断迁徙中原地区，也有汉族人口不断迁往边疆少数民族地区，形成了元朝境内广泛的民族杂居局面，加速了民族融合的进程。西藏成为元朝的正式行政区，元朝还设澎湖巡检司，负责管理台湾、澎湖的事务。元朝的版图超过了以前任何朝代，建立了幅员广大的多民族统一国家。

明清两代，民族的融合也很迅速。在康熙皇帝的统治下，基本奠定了中国今天这个多民族统一国家的版图，形成了中华民族各兄弟民族共处的局面。

所以，中华民族大家庭的形成，是中国历史发展的结果，是各民族互相融合的产物。

唐　阎立本　步辇图（局部）　描绘松赞干布遣使到长安，向唐太宗求亲的场面

在世界上，像中国这样多民族聚居而又形成统一的国家并不多见。民族区域自治是实现这种局面的良策。

从中国古老的神话传说中可以窥见，中华民族大家庭中的每一个成员都有手足兄弟、一母同胞的认知。中国古老的文明和历史发展进程，使“和”的观念深入人心，并成为中华文明的核心观念。多元统一的局面是中华民族大家庭每个民族的共识。这也是孔子所说“和而不同”在社会制度上的体现。

因此，中国实行在国家统一领导下的民族区域自治政策，各民族组成和谐的大家庭。实行区域自治的各少数民族依法行使自治权，根据自己民族的传统和习惯，建立自己的生活秩序。民族区域自治的范围，根据实际情况确定为县、州、区

明　仇英　明妃出塞图　描绘王昭君出塞途中跋涉的情形

宋 陈居中 文姬归汉图

三级。比如，河北省大厂回族自治县；吉林省延边朝鲜族自治州，云南省红河哈尼族彝族自治州；新疆维吾尔自治区，西藏自治区，广西壮族自治区，内蒙古自治区，宁夏回族自治区；等等。

这正是中国社会生活中一个独特的现象。了解各民族自治区的施政情况、人民生活，就会更加深刻地理解“和谐相处”“和而不同”的真谛。

第二章 中华文明的起源和发展

壹

中国人的先祖哪里来

大约是在古埃及托勒密二世打败叙利亚的时候，也就是罗马的皮洛士战争（公元前 280~ 前 272 年）开始的前后，中国古代伟大的诗人——楚人屈原（公元前 340~ 前 278 年）写下了一首了不起的诗篇《天问》。这首四言长诗，以 170 多个问题，怀疑上古时代的一切神话和传说，真是放言无忌，发前人之不敢发，其勇气和睿智让今人读起来都要心潮激扬。他从哲学的高度，叩问天地万物究竟是谁创造，人类又从何而来。他不相信女娲造人的传说："女娲有体，孰制匠之？"女娲又是谁造的呢？

人类从何而来？屈原这个深沉的发问是人类一代又一代绵延不尽的永恒的问题，可惜至今也没有确切明白的答案。

人类学家自然不相信神祇造人的传说，即使是载入《圣经》的上帝创造世界和人类的故事，他们也不相信。他们相信达尔文关于猿猴进化为人类的论断。如今，全世界的人类学家一致认为，地球上最早出现的古人类至少是在 500 万年前，以后演化为能人、直立人、早期智人等，大约 5 万年前进化为晚期智人。现在地球上生活的人类属晚期智人，或称为解剖学上的现代人。

500万年前的古人实际上是刚刚进入人类门槛的猿——类人猿。这种猿的化石最早从非洲出土，被称为南方古猿。而南方古猿的直系祖先是距今1400万年前的腊玛古猿，这种古猿的化石也最早见于非洲。但是，在1956年和1975年，在中国云南省开远县和禄丰县先后发现了与腊玛古猿同一时代的古猿化石。这一发现让中国的人类学家分外兴奋，说明在莽莽的古老中华大地上有本地“土产”的猿类先祖，进化为古老的中国猿人。中国人来自中国大地。所以，人们在开远、禄丰的古猿化石发现地刻石建碑，永资纪念。于此先后，在印度等地也发现了这种古猿的化石，于是人类学家论断，说古人类的起源或许不止非洲一地，而是多地。比如东南亚地区也是人类的发祥地之一。这样，印度、中国也是人类的故乡，这份荣耀大约可以安慰屈原老夫子那耿耿之心。1929年，中国发现“北京人”（距今约70万年至20万年）化石。可是1974年在东非大裂谷所在的埃塞俄比亚，发现了一具保存住40%骨架的雌性猿人遗骸，距今约300万年，人类学家为她取了个甜美的名字“露西少女”；加上非洲出土的大量早期人化石，构成一个完整的进化体系，于是从1987年起，古人类“生于非洲，走向全球”之说再次风靡世界。自然，中国是古人类故乡的信念依旧在中华大地上坚挺地竖立着。

古人类的起源终于有了说法，现代人呢？是本地“土产”、

北京人复原塑像

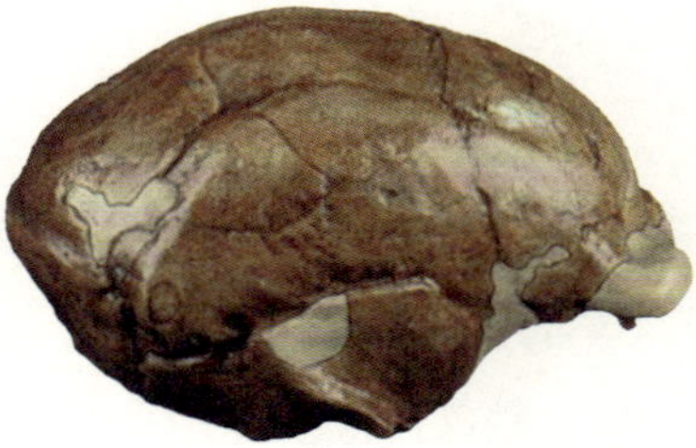

北京人头盖骨模型

古人延续繁衍的结果，还是非洲人迁徙而来的后裔？

1987年，三个美国人类遗传学家通过对非、欧、亚三大洲147名妇女身上线粒体DNA的研究，发现各大洲人种中以非洲人变异最多，从而证明非洲人历史在各大陆最长。计算发现现代非洲人历史长达20万年，而欧亚大陆现代人历史只有13万年，由此断定现代人起源于非洲同一祖先，他们称这位老祖母为“非洲夏娃”。1998年中国遗传学家通过研究中国28个群体的基因，认为中国现代人起源于非洲：大约6万年前，一部分非洲人从亚洲东南部北迁中国，完全替代了古老的北京人的后裔，而成为现代中国人的祖先。当时，有人认为在中国人类考古发掘中恰恰缺少距今 10 万年至 6 万年的人类化石，这处空白正好证明非洲人来华成为现代中国人先祖论断的正确性。

倘使真的如此，想一想现代人的先祖，那些还有些猴子气的人们，拖儿带女过江渡海，跋涉在沙漠、荒原，进入欧亚大陆，那是怎样艰难竭蹶、伟大的旅行啊，后人真该塑像以纪，向他们奉上永恒的虔敬。

有人问，假如真是非洲人入华，那么原先待在这里的北京猿人的后裔们哪里去了？答曰：或许是让漫天遍野的洪水灭绝了。当洪荒时代结束，非洲的先人们踏上这块重新复苏却已荡然无人的中华大陆，完全替代了原先的古人，繁衍出今日的中国人。

另一些学者则说，出土的人类化石才是比遗传学的佐证更加实在有力的证明。2007 年，河南灵井遗址发现了距今 10 万年左右的“许昌人”头盖骨化石，加上腊玛古猿、南方古猿、早期智人、晚期智人化石的大量发现，构成一个在时间上从未中断的系统的人类进化链条。而且研究发现，中华先民在约 3 万年前就从华北、东北、西伯利亚越白令海峡进入北美并逐步遍及美洲。又有一路从华南、东南亚而入澳洲、太平洋岛屿，并从海上进入南美。所以，本土古人突然灭绝，而非洲先民突然进入各大陆替代消亡的原始人群或原住人类的这种说法，只是假设和想象。

现代中国人的祖先究竟来自何方，依旧是争论不休的问题，没有确切的答案，是未解之谜。然而，中国先民在进入智人阶段之后，就创造了灿烂的文化和文明，这可是不争的事实。

贰

中华文明的多元一体

文化、文明的概念

1899年（清光绪二十五年，己亥），几乎所有的西方强国都在忙于打仗。英国发动侵略南非德兰士瓦共和国的布尔战争，美国派兵3万镇压菲律宾人反对美国统治的民族起义。同时，在中国问题上，美国提出“门户开放，利益均沾”原则，要英、法、俄、德诸国在华势力范围对其公开；澳大利亚的英国移民也组织军团开赴非洲，帮助英国军队打赢布尔战争。

而中国，颟顸的清朝政府，在慈禧太后的操纵下，一面追剿改革派，镇压义和团，一面与各国订立各项条约。

在这些万花筒式的纷杂世象中，北京发生了一件当时看来极为细小，连当事者本人都以为无足轻重，许多年后却被认为是揭开中华文明史华美一页的事情。

有一天，清王朝国子监祭酒王懿荣感觉到身上有些不舒服，就到药店里抓了一服中药。煮药时他忽然发现一味叫作“龙骨”（动物的甲或骨骼）的药材上刻有曲曲折折颇有变化的线条，很像人有意识刻上的什么符号。尽管他当时并没有清楚地意识到，历史老人正把开启中华文明史大门的钥匙放在他的手中，但他也模糊地觉得这里可能大有文章。他毕竟是饱读诗书的文化人，经他研究，那“龙骨”上的符号乃是古老的文字。

他又与当时的古文字专家一起研究，终于揭开了“龙骨文字”的秘密，原来那是3000多年前的甲骨文。

甲骨文是商王朝利用龟甲、兽骨进行占卜的记事文字。自1899年迄今已经发现了约15万片，内容以占卜为主，也反映了殷商以后的祭祀、征伐、田猎、农业、畜牧、地理形势等社会各方面的情况，成为研究殷商社会状况的最重要的资料。甲骨文揭示了古老的殷商王朝的面貌，证实了早已湮灭了的殷商在3000多年前真实地存在。这说明中国的文明悠远灿烂，早在殷商之前已经有了久长的文明史。

“文化”和“文明”是两个相关联又相异的概念。一般说来，人类诞生以后一切物质的和精神的活动都属于文化的范畴，文化是人类的专利。文明则是人类发展到一定阶段的产物，是特定的生产方式下的产物。严格说来，应当是在私有制产生以后的产物。学术界对于文明的标准有严格的界定，一般认为，只有具备了下列几个条件之后，才能判断一个民族进入了文明时代，一个民族具有了文明。这些条件是：

一、产生并使用文字；

二、学会冶炼并使用金属；

三、有了一定的政治、经济、社会中心，即产生了城市（有学者认为这城市中应当至少有固定人口5000人）；

四、有了宗教、礼仪。

以上四项，以一、二项最为重要，因此判断一个民族文明史的起始，至少要确定前两项的存在；有三、四两项存在的佐证，就更加确定无疑了。

因此，王懿荣手中的这几个甲骨文字的珍贵性就不言而喻了，他正掌握着证实中华文明史早已开启的铁证。

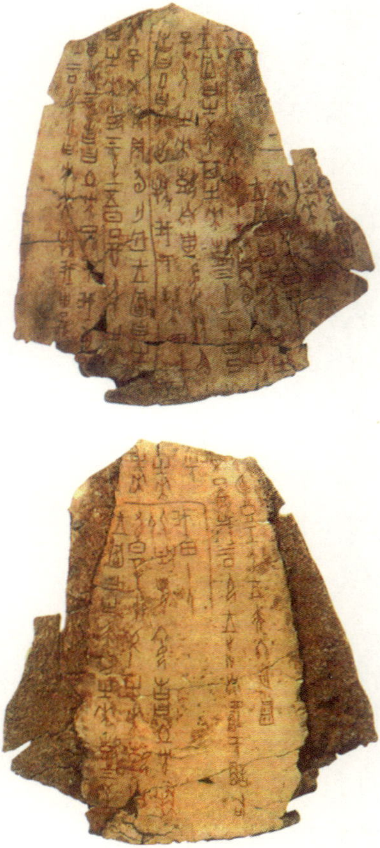

刻有文字的龟甲（殷墟出土）

过去习惯的说法是：中华文明具有五千年悠久漫长的历史。这是从炎、黄、蚩尤开始的，这是伟大的文学家、史学家司马迁的叙述。中国学术界也有人认定应以河南二里头文化为中华文明史的起始，距今约有4000年。

20世纪80年代以后，中国考古发现的许多新材料，证实中华文明史的起始期应当大大前推。1981年在湖北宜昌市杨家湾遗址发现刻有抽象符号的陶片，这是早期的文字，距今6000年左右，那么，中华文明史当有6000年之久。

1983年在河南舞阳贾湖又发现了契刻符号，有专家推论这是甲骨文的先驱，距今已7000多年。因此，中国有文字记载的文明史至少还可上推至7000年前。

1990至2003年浙江杭州萧山考古发现“跨湖桥文化”。出土的独木舟距今8000年，是世界迄今发现的最早的独木舟，说明中国东南沿海是人类最早发明和使用独木舟的地区；出土的木制弯弓，被称为“中国第一弓”，与出土的渔具一起，生动地揭示了当地先民的生活方式之一——渔猎；出土发现猪已被驯养为家畜；而陶器上的彩色图纹，说明那时的先民已经有了太阳崇拜。这个新石器文化的发现，证明跨湖桥文化正在或者已经迈向了文明时代。

1982年在辽宁阜新发现的查海古文化遗址，出土了大量陶器、玉器，使中国的悠久文明史可上推至8000年前。

中华文明史的8000个年轮使得她和人类另外三个古文明——埃及文明、巴比伦文明、印度文明站在了同一起跑线上。

似乎这才符合人类进化的过程。考古学证明，人类的先祖几乎同时进入旧石器时期，几乎同时发明和使用陶器，几乎同时进入新石器时期，又几乎同时创造和使用文字。当中国黄河流域种粟时，伊拉克、伊朗、土耳其一带也开始

牛河梁女神庙，中国新石器时代红山文化的代表

种麦和扁豆；中国在9000年前开始有稻作文化，古印度于6500年前种稻；两河流域在距今9000至8000年前学会冶铜，这和中国红山文化的年代几乎相同。所以，人类智能的发展始终齐头并进，证明民族、人种没有优劣之分。当大自然平等地将生存和发展的外部环境赐予人类的先祖，各民族的先驱者通过自己辛勤的劳作，逐渐具备人类独特的智慧和才能。古老文明史的起始，给我们今人的启示便是所有民族都具备同样的创造潜质，给他们以和平、平等、发展的机遇，他们都会成为了不起的民族。

多元一体、灿烂的中华文明

中华文化在进入文明时期后呈现出一种极为宝贵的态势。黄河文化、长江文化、北方文化、南方文化、西南文化五个文化带，都产生了璀璨的文化。中华文明表现出多元共生、多元一体的模式。她不是以一个文化带为中心向四方辐射，而是烂漫群星一般的文化，组成一个美丽的中华文明星空。

1. 黄河文化

旧石器时代黄河文化区的蓝田人、北京人、丁村人、山顶洞人已经开始使用打制石器，如刮削器、尖状器等，并有了原始的审美意识。

新石器时代黄河文化的代表之一是仰韶文化，早期距今6000年左右，延续了千年以上。

从青海、甘肃一直到陕西、山西、河南都有仰韶文化的遗址。1953年在陕西西安发现的半坡村遗址，更是这一时期的典型代表。半坡人已经种谷养畜，纺线织麻，建造大型的土木结构的茅屋，挖掘储藏粮食的窖穴。制陶工艺相当发达，彩陶器皿上有生动的动物图案，还有一些线刻的符号，很可能是早期的文字。

旧石器时代　骨制器具

旧石器时代　骨针

新石器时代　炭化稻米
（湖南澧县出土）

新石器时代　七孔骨笛

新石器时代黄河文化的另一代表是大汶口文化。1959年在山东宁阳发现，其年份相当于仰韶文化的中晚期。大汶口先民使用的石器都是用硬度极高的石料制成，有穿孔石斧、扁薄的石铲，工艺水平很高。想象一下那些手指如同树枝的先人们打磨出这么精美石器，你在惊讶之余，一定会产生由衷的感佩。那悠远的过去曾经有怎样火红的生活哟。发掘的墓葬中，有随葬的玉制品、饮酒器和精致的象牙雕刻。一号墓中还有一支孔雀绿色的骨凿，据测定其中含有大量的铜，说明他们已经懂得使用铜了。大汶口还有男女合葬的墓穴，证明他们已经有了一夫一妻的婚姻。男女随葬物多寡悬殊，说明他们已进入以父系为中心的时代，贫富的差距也越来越大。

所谓旧石器时代和新石器时

代的主要区别，在于旧石器时代的石器是“打”制石器，而新石器时代是“磨”制石器。一个“打”，一个“磨”，一字之差，却度过了悠悠百万年，可见人类的进步是多么艰难。旧石器时代人们石、陶并用，以石为主；新石器时代人们陶、石并用，陶器为多。陶器的发明真是人类的一大进步，这古老的器皿，一直被我们使用到今天。

2. 长江文化

长江文化是同黄河文化并行的中华文明重要的组成部分。从考古发掘来看，长江文化在史前时期对中华文明乃至整个人类文明做出了伟大的贡献。首先，长江流域可以说是中国乃至世界稻作文明的中心。在湖南澧县彭头山遗址发现的稻谷，距今大约有 9000 年。这还不是中国史前时期稻作的开始，或许将来新的考古成就会告诉我们人类种稻起于多么遥远的远古。不过，长江流域至今也是世界稻谷生产最多的地区。

长江流域还是世界蚕丝业的起源地。中国是蚕丝生产的起源地已为举世公认，但究竟何时起源于中国何地，则争论不休。在河姆渡遗址发现了一个牙雕小盅，上面刻有蚕纹图案，一般认为这是野蚕人工驯化之始，距今约 6500 年。至于距今 5000 年以上的崧泽文化，从出土的花粉中发现桑属和禾本科植物花粉非常多，说明那时的古人已经在山坡上植桑养蚕。

牙雕小盅
（河姆渡文化出土）

平纹织品
（良渚文化出土）

木质漆碗
（河姆渡文化出土）

5000 年前左右的良渚文化遗址，发现一件陶壶，在它腹部刻有五条头朝向一致的蚕纹。那蚕的模样与今日的家蚕极其相似，说明 5000 年前的良渚已经养蚕了。

长江流域还是苎麻织品的中心。在良渚文化遗址发现的三块苎麻布是平纹织品，一般每平方厘米经纬线各 24 根。5000 年以前的古人能织出如此精密的麻布，这是何等了不起的事情。

余姚的河姆渡遗址发现了距今 7000 多年的干栏式房屋建筑遗存。以木桩构成框架，建成高出地面的房屋，以适应长江流域沼泽、湖泊、雨多的潮湿地带。那时还没有金属，木框均为榫卯结构，这种建筑式样一直传播到东南亚一带，至今还能看到它的身影。

长江流域还最早种植漆树，使用生漆也是长江文化的一大贡献。河姆渡遗址出土的木质漆碗，距今已有6500年左右的历史。到距今5000年左右的良渚文化时，生漆的使用已经普遍，连出土的棺板上都发现有红色漆的遗迹。

至于在四川三星堆发现的文物，已是殷商晚期的遗存，其中有大量的青铜器物，比如兽形、人形的铜像或巨大的青铜面具。这些器物造型奇特、夸张。有一个宽77.4厘米、重80多千克的青铜面具，宽耳纵目，两个眼球突出于眼外，神秘而恐怖。一棵青铜神树高396厘米，上有九枝，立鸟栖息，枝下是低垂的硕果，一条龙沿树而下，仿佛再现中国古代关于扶桑的神话。三星堆文化所呈现的奇特和众多的文化遗存，引起了许多议论和猜想。许多人说，这是几处祭祀礼器的堆放地，证明了古代四川古蜀国的真实存在，但也有至今无法证实的谜团。于是，有人说这是外星文化的遗产，有人说是上一轮已经消失的文明的幸存物，也有人大胆猜想这是西方古闪

青铜神树
（三星堆遗址出土）

族（犹太人）来华活动的遗物。但是，三星堆中大量文物与中原的龙山文化、长江的良渚文化具有强烈的共性，说明中华文明的多元一体，那些三星堆文化外来说都不过是过于聪明的猜想。三星堆文化中唯独没有文字符号出土，因此也为多种奇特的猜想添加了空间。

铜戴冠纵目面具
（三星堆遗址出土）

在成都附近发掘的金沙文化，稍晚于三星堆文化，也有大量的玉器出土，与良渚文化极其相似，也证明了古蜀国文化与长江文化的联系。金沙文化中有个太阳鸟的精美图形，四只神鸟绕日飞行。这已经成为“中国文化遗产”标志。

太阳神鸟金饰
（金沙遗址出土）

长江文化还是玉文化的中心。玉文化是中华文明中极其重要的部分。同重视黄金的西方文明不同，这也是二者的重大区别之一。中国人自古至今崇尚玉石，认为是天降祥瑞的神物，赋予它人世间一切美好的特性。上至镇国之宝、宗教礼器，下至凡夫俗子的配饰，玉石都是代表神圣高洁的首选之物，是为

"君子"之物也。

春秋战国时代一个真实的故事可以成为中国人重视玉石的生动注解：

大约是希腊古代奥林匹克运动会兴起以后不久，中国的诸侯国楚国有一个叫卞和的平民，在荆山发现了一块被砺石包裹的璞玉，便去献给楚厉王。厉王请玉匠鉴定，玉匠说这是一块石头。厉王大怒，就砍去了卞和的左脚。厉王死后，武王继位。卞和又把璞玉献给武王，又被说成是用普通石头伪称玉石。武王又砍去了卞和的右脚。武王死后，文王继位。卞和抱着璞玉在荆山大哭，三天三夜，泪水变成了血水，他说："失去双脚固然可悲，但无人识得真玉，才更令人悲伤。"文王听说，就叫人凿去璞玉外面的砺石，里面果然是价值连城、晶莹剔透的玉。文王便命人将其制作成一面玉璧（圆形，扁而薄），成为国宝。这便是和氏璧。后来许多诸侯为争夺此璧，征战不休，以后沦落何方就杳无消息了。

这个悲怆、凄美的故事如今在中国几乎妇孺皆知。

2008年，北京奥运会就以玉石和金、银、铜配制成奖牌，让这令人动情的故事更具有了勇气和毅力，鼓舞人们"更快、更高、更强"。

3. 北方文化

北方文化，也有学者称它为草原文化，它包括中国古代北方各支系民族——鲜卑、柔然、突厥、契丹、女真、蒙古等文化。

早在旧石器时代，各族原始居民就在北方广阔的大地上采集、狩猎、游牧、农耕，各民族交替登上历史的舞台创造各自相同又有差异的文化，成为中华文明的一部分。辽宁阜新查海古文化遗址发现了距今 8000 年的红山文化的遗存，大量玉器的出土，让人不得不深思遐想。在内蒙古兴隆洼遗址也出土了玉器，更令人兴味盎然。两个文化带信息不通，来往不便，却有着相同底蕴的玉文化。

被称作“中华第一龙”的龙形玉饰便出土于北方。那吉祥、高贵的内涵为全中国各地各族所认同，足见中华民族各兄弟从古至今就越过时空隧道心意相通。

龙形玉饰“中华第一龙”
（红山文化出土）

兽面纹提梁铜卣
（广西武鸣出土的商代青铜器）

4. 南方文化

在近年来的考古发掘中，广东、广西都有古人类活动的遗存。已经考古证实，香港在新石器时代已有人居住，现在发现的新石器时代中晚期（距今 6000~4000 年）遗址和青铜时期已进入文明时代（距今 3000~2500 年）的遗址各有 30 多个。人们在这些遗址中发现大量磨制石器，带有绳纹和几何图纹的陶器。这些文物与仰韶文化稍有差异，却与长江文化十分接近，说明这些先民或是南迁来的长江流域的先民，或是颇受长江文化熏陶的百越先民。南方先民的遗存说明他们也参与了中华文明的创造。

5. 西南文化

云南、贵州、西藏地区的考古发掘，近年来收获颇丰。贵州省是中国旧石器时代出土文物最多的省份之一，已发掘石制品数万件。云贵高原上的先民创造的文化也是中华民族文明的一部分。

总之，在辽阔的中国大地上，几乎遍布文化的发祥地，处处有各民族的文化遗存。这些文化组成了一个灿烂的中华文明的星空。让我们伸展开想象的翅膀，追忆亘古的往昔，或者站立在时空隧道的那一端俯视新石器时代的中国。你会看见黄河岸边，有人在种粟，有人把活泼的鱼串上树枝放在石片上烧烤，有人在风中疾走，吟唱；在长江边捕鱼、织麻的人唱着温柔的歌，赤膊的汉子在搭建干栏式茅屋，另一批人在稻田里劳作；而北方草原上粗犷的先民在牧牛，在狩猎，一群群被驯化的马匹在风中飞扬着鬃毛纵情奔驰。夜晚星光下，中华大地处处是跳跃的篝火和野调无腔的歌声，还有那些踏歌起舞的人群。整个中华大地在太阳、星月的轮流照耀下，散发着勃勃的生机，这是一幅多么美丽的图画。

叁

中华民族的人文先祖：炎帝、黄帝、蚩尤

公元前2500年前后，古埃及强大的舰队穿越波涛汹涌的大海，远达腓尼基和红海索马里沿岸，以武力保护贸易，整个国家正风行对太阳神的崇拜。而两河流域（美索不达米亚平原）下游的城邦拉格什也达到了极盛朝代，四处出击，吞并邻近的地区，将这些胜利刻在石头上。

这时的中国也开始了一场永远写在中国历史前几页的战争——涿鹿之战。

这一时期原来被各氏族推为天下共主的神农氏已经衰败，不能号令天下。各氏族纷纷动乱，互相侵伐，暴虐百姓。于是轩辕氏起兵代神农氏征伐那些不顺从的氏族。

神农氏是上古时期的重要部落领袖——“三皇”（伏羲、神农、黄帝）之一，他的氏族发祥于陕西岐山东面的姜水之滨。神农氏是少典之子（一说是少典之弟），姓姜，教民耕种，尝百草而医天下之疾，因而受万民拥戴，成为各部落的首领。但是由于年岁既长，能力日衰，加上当时水旱灾祸频仍，人们渐渐失去了对他的尊崇。他的部落中有一个青年人，代他行使权力，称为炎帝。炎帝开始同轩辕氏分分合合，试图重振神农氏的雄风，再度号令天下。

明　郭诩　神农尝百草辨药

轩辕氏就是后来的黄帝，关于他的出生有一段动人的传说。相传西北的有蛟氏有个美丽的姑娘附宝，嫁给了另一个部落的首领少典（即传说中神农氏的父亲或哥哥）。一天，附宝见到闪电围绕北斗七星旋转，把大地照耀得通亮，有感而孕，25个月后在寿丘生下一个男孩，姓公孙，号有熊氏。因他长于姬水之滨，居于轩辕山上，所以又改姓姬，取号轩辕。

轩辕氏渐渐成为部落的首领，拓展势力。他推行德政，教化万民，发展农牧生产，发明了打井、做杵臼、造弓箭、驯牛乘马、驾车、制造舟船等技术。他的妻子嫘祖养蚕缫丝，染制衣服，制鞋做袜。他的史官仓颉创制文字，臣子大挠占日月、作干支，乐官伶伦发明乐器，他的部族渐渐兴旺起来。

明　仇英　帝王道统万年图　黄帝与群臣议事

蚩尤画像石拓片

轩辕氏的部落逐渐强大，周围许多部落纷纷加入他的部落联盟。为了更好地生存、发展，整个部落联盟由陕西西部向黄河中下游迁徙，东进而达今河北涿鹿附近。

另一个部落联盟的首领是蚩尤。传说他是神农氏炎帝的至亲，甚至有学者认为炎帝和蚩尤实际上是一个人。他们之间的残酷战争只能说明当时生存环境的恶劣，为了部落的生存，掠夺一块水草丰美的地盘，从而血腥争战，这是上古时代人类的悲剧。蚩尤率领着九黎部落联盟（据说有 81 个），由长江中下游而达黄河下游，进入山东。想想这支浩浩荡荡的流浪大军在洪水的驱赶下不断东进、北上的狼狈相，你会丢掉一切关于上古时期先民生活自由、快乐的浪漫想象。尽管蚩尤部落已会冶铜，而且每到一地就冶铜不止，赶造兵器、农具（传说中把蚩尤形容为吃沙石喷火焰，铜头铜角的怪兽，实际上是把冶铜

炉的样子移植到他身上），还是不能逃避饥饿和灾荒的追赶。

这时候进入山东和河北南部的炎帝部落与蚩尤部落发生了争战，炎帝战败，向轩辕氏求助。于是炎帝与轩辕氏结合成联盟攻打蚩尤。蚩尤的铜兵器优于他们的木石兵器和箭矢（轩辕氏部族的箭矢是以石头为箭镞的），加以蚩尤善战，部下骁勇，轩辕氏与炎帝的部落联盟久战不胜，便和蚩尤军在今涿鹿之野对峙起来。

当时的涿鹿水草丰美，沟壑纵横，水流蜿蜒，适合蚩尤九黎部落展开作战。而来自高原、旱地，只惯陆战的轩辕大军，不善水战。蚩尤军不断利用水道取得胜利，轩辕氏设法将蚩尤军引至沙原展开了生死大战。双方出动风伯旱魃、雨师雷神造成云雾弥漫、风沙漫卷、雷吼雨浇的场面。大自然的狂暴和搏杀的吼叫、伤者的哀鸣，让这场上古史上的开卷之战有难以想

黄帝神像

象的惨烈。最后轩辕氏制造指南车，引军走出迷蒙的战阵杀向蚩尤的腹地，终于擒住蚩尤，将他裂身处死。

胜利的轩辕氏，满怀怆然，这惨烈的战争也让他心伤。他封蚩尤为战神，是为众神之首。许多后世的君王都虔敬蚩尤，每逢战事祭蚩尤像，举蚩尤旗。如今在河北、山东，还有多处传说中的蚩尤墓，民间不顾“胜者王侯败者贼”的正统思想而把蚩尤当作英雄永远崇奉。

轩辕氏被诸部族尊为天子，代神农氏，遂称黄帝。黄帝登岱宗（泰山）至崆峒，达熊湘，合符于釜山，邑于涿鹿之阿。在那神圣庄严的祭天大典和会盟誓师仪式上，他必定有复杂的心情汹涌在心中。看那风中猎猎起舞的旌旗、部卒手中的枪棍，他或许还为那血流漂杵的战场和遍地死者的亡魂心痛。

“黄帝”的称谓有这样几重含义：一是轩辕氏部落联盟的称呼；二是这个部落联盟首领中最德高望重者，例如代炎帝“践天子位”者；三是所有“践天子位”的部落联盟首领的统一称号。中国古代文献言简意繁，不能用“望文生义”的简单办法来理解。

炎帝、黄帝、蚩尤，都是中华民族的英雄。他们为了部落的生存而战，在战争中，又彼此交融，开辟了中华民族生息的沃土，无论胜者还是败者，他们的美名都永存于青史。炎帝、黄帝、蚩尤都是中华民族的人文先祖，这正日益成为中华民族的共识。

第三章 悠久的历史

东周　莲鹤方壶

人类上古时期的历史，总是给后人一种朦胧的感觉，因为文字资料匮乏，幸而有考古出土的文物让那些以往湮灭的历史重新鲜活起来。而且，今天瞬息之间无远弗届的信息通道，将远古时期的世界联系在一起，让我们认识中国古代史的同时，顺便找到了同时期先后发生在另几个古老民族中的事情，可互为参照。现在比古代真是方便多了。

2005 年 3 月，澳大利亚考古学家在埃及开罗以南 25 公里的塞加拉地区发现了一具木乃伊，身披非常精美的珠子串成的衣服。埃及的遗迹最高委员会主席扎西 · 哈瓦斯说："这具木乃伊可能是迄今为止发现的保存最完好的木乃伊。"据棺木上的文字记载，这具木乃伊属于埃及第二十六王朝，距今约 2500 年。而这个墓穴却是埃及第六王朝沛比二世时代的。沛比二世在位的时间是公元前 2278~ 前 2184 年，距今已 4200 余年。4000 多年前的古墓中竟隐藏着 2500 年前的木乃伊，这里一定有着神奇的故事，会让擅写通俗小说的作者大感兴趣。

我们感兴趣的是，埃及的沛比二世当政时期正好是中国古代史上的"禅让时期"，至于那具美好的木乃伊就先等待科学家作出 DNA 之类的调查以后我们再加以叙述吧。

壹

上古的原始社会

黄帝战胜蚩尤以后，代神农氏而“践天子位”。黄帝实际上是部落联盟的首领。他去世后，帝位传给孙子颛顼，颛顼又传给帝喾。这大约是公元前2500年的事情。帝喾卒，帝位传至尧，由此开始了“禅让时期”。

尧很有能力，也很有决断力，杀伐奖惩，言出必行，在各部落中有很高的威望。他命羲和观测天象，判定历法，以366日为一年，置闰月以正四时。那时候黄河、长江发生极大洪灾，浊浪滔滔，席卷四野，千里平畴均成泽国。尧命令夏部落首领鲧率众治水。夏部落是黄帝族的分支，由陕西北部东进，最后定居在今河南嵩山至伊水、洛水一带。夏部落由夏后氏、有扈氏等12个姓姒的氏族组成，首领鲧是轩辕黄帝的重孙。

鲧用水来土挡的办法，以“堵”治水，费九年之功，洪水反而越堵越泛滥，四面洪涝，浊浪流溢，民众陷于绝望。

年纪已老却雄心犹在的尧，将管水的共工氏流放，又放逐驩兜于崇山，让蚩尤后裔三苗族迁徙，把治水不成的鲧在羽山处死。天下更加敬畏他。他在86岁时选择30岁的舜做他的接班人，而不是将首领的宝座传给儿子。年迈的尧将部落联盟首领的职权让给舜，并获得各部落首领会议的认可。这就是禅让制。舜接掌权力后，巡视四方，为水灾之祸痛心不已。舜采纳众部落首领的建议，派鲧的儿子禹来治水，并派契、后稷、皋陶等人协助他。

禹承父业，决心拯万民于洪灾，率部下沿长江东下，又溯黄河而上，走遍淮河、济水两岸，辨水势，查地形，足迹遍布千山万水。他认识到鲧治水方法失败的原因，改“堵”为“疏”。于是，开河道，清淤塞，筑堤岸，排渍涝，以木石制成的工具实施艰巨的工程。禹和那些先辈的勤劳与毅力令后人永远景仰。

禹治水，三过家门而不入，用 13 年治理了许多大江大河，终于让洪水驯服，涝渍消弭，原野上恢复了生机。禹又命伯益将粮种分给众人，教民耕作，让后稷赈济吃粮艰难的民众，上古的中国重获繁荣。禹因治水与治业有功受到民众的拥戴。

舜也顺从民意，效法尧的做法，不传位给儿子，而将帝位传给禹。于是禹在舜之后，被推举为部落联盟首领，那一年是公元前 2070 年。由于他生于夏部落，故称夏禹，又被尊称为“大禹”，即伟大的禹。

我们可以用确凿的史料和文物判明，距今 4000 多年的夏朝是中国第一个朝代，禹是夏朝的第一位君王。

相传，禹本想传位于伯益，但禹的儿子启凭借强大的势力，在禹死后继承了他的位置，从此打断了上古时候的禅让制，开始了父亡子嗣的世袭继承制。

明　仇英　帝王道统万年图　舜

明　仇英　帝王道统万年图　大禹率众治水

数千年的中国历史宛如一条波涛起伏的长河。大约五六千年前，中国各地以不同形式先后进入母系氏族社会的繁荣期。大约四五千年前，中国各地先后进入父系氏族社会。

原始公社制社会，无论母系氏族还是父系氏族都没有私有财产，被许多后世人描绘成无忧无虑、其乐融融的时代。其实，这是因为原始社会人类的生存能力极其低下，处于蒙昧时期。一切所谓“平等”“民主”，都不过是后人的附会。我们切不可把人类的幼稚期歌颂为人类理想的社会。随着私有制诞生并不断发展，中国便逐渐进入了奴隶制社会，那是一个起伏有致、辉煌同凄厉并存的说不尽的故事。

贰

历史沿革与概况

先秦时期

1. 夏朝

公元前 21 世纪，禹建立夏朝，禹的儿子启在禹死后继承了首领位置，取得了权位。王位世袭制取代了禅让制，标志着传说中的原始大同社会宣告结束，中国进入了奴隶社会。

有意思的是，处在同一时期的另外几个古老文明也进入了奴隶制时代。例如，考古发现据有两河流域的乌尔第三王朝的大片土地，主要是由男女奴隶耕种，手工业也相当发达。

这时的夏朝出现了奴隶主和奴隶；设置了牧正、庖正、车正等官职；打破了血缘关系，把全国划分为九州进行统治；颁布了法律，建立了军队和监狱。

夏朝已掌握了青铜铸造技术，在河南二里头文化遗址还发现了制造骨器的作坊和陶窑遗址。夏已经能酿酒，这不仅说明夏的手工业发展到一定水平，而且说明农业也有了大发展。

夏朝共 14 世、17 个君王，历 400 多年。夏的第 17 代王称为桀，是历史上有名的暴君。

夏桀（名履癸）不务修德而横征暴敛，竭尽民力供自己挥霍，筑倾宫、修瑶台。大臣关龙逄谏阻，他立刻将其囚杀。他又攻打有施部族，逼他们献出美女妹喜，从此更加纵

帝鉴图说　解网施仁，商汤网开三面，显示仁德

情声色。又自比为太阳，光芒万丈。百姓们便指着太阳骂道：“烈日啊，你哪天陨落？我情愿和你一起灭亡。”这“太阳”终于在公元前 1600 年坠落。那时候正是埃及农奴起义之后，而古巴比伦也已被喀西特人多次打击，后被赫梯王国所灭。

2. 商朝

汤灭夏建商，到盘庚迁都于殷（在今河南安阳）以后的商朝，是中国历史上第一个小高潮。在此之前商朝曾屡次迁都，而定都于殷后不再迁徙，经济有较大发展。殷商的文化异彩纷呈，成为当时世界上的头等文明大国。

商汤立国时，知道有位杰出人物叫伊尹，当时在有莘氏部落为奴。商汤便特意与有莘氏通婚，使伊尹以陪嫁奴隶的身份来到商国。汤立刻升伊尹为相。这中国历史上第一位宰相擅长烹饪，他把治国与烹饪的经验结合起来，把治国之术叫作“调和鼎鼐”。他的这个政治策略思想一直延续，成为中国君王统治国家的重要思想。

1928 年开始发掘的殷墟（今河南安阳小屯村），至今已发现了无数的宝藏。那些青铜器、玉石器、牙雕、贝币等无言的历史文物，描绘出 3000 多年以前那座古城的繁荣活跃。

想想吧，在亘古的荒原，竖立着一个个泥制的冶铜炉。炉火日夜燃烧，映红了天际，这是何等粗犷的画面。那时冶铜的“坩埚”曾被后人称为“将军盔”，每次可熔铜约 12.7 千

伊尹

商　后母戊鼎

克，因此要浇铸一尊大鼎，需要许多冶铜炉一同进行。嘶哑又悠扬的吆喝声响起来，几百个奴隶一齐动作，闪着火光的铜水带着嘶嘶的呼叫声流向巨大的砂模。当朝阳升起的时候，荒原上便会出现一只只泛着乌光的青铜大鼎。后世发掘出来最大的一只鼎竟重达 875 千克，高达 1.33 米，这就是著名的后母戊鼎。这在今天也是项艰难的浇铸工程，何况是 3000 多年之前。

殷商的冶炼术和农业、畜牧业当时在世界上处于先进地位。在古希腊，此时也已使用青铜器，以犁耕地。在西亚和埃及，马匹开始渐渐用于军事和交通。在中国的殷商时代，同样处于先进地位的还有互通有无的交换业，当时交换地区远达东南沿海。殷墟出土了若干铜贝，这可能是世界上发现的最早的金属货币。后来，殷灭于周，周保留了殷人从事交换业的特点，于是，专门从事交换业的人便被称为“商人”。有历史学家认为，“商人”“商业”“商店”“商品”等概念，都由商之遗民从事交换业而来，流传至今。

甲骨文的创制是商朝伟大的贡献。商朝还创制了天干地支纪日法、六十甲子、一年十二个月、闰年十三个月的历法，这在当时应当说是相当完备和科学的。

商朝还有编制齐整的多声部乐队，能演奏出优美的音乐，可惜我们今天再也无法聆听到了。

商朝共有 31 个王，至纣而亡。

帝鉴图说　妲己害政

《史记》中记载，商纣王是个暴虐的君王，“以酒为池，悬肉为林，使男女裸，相逐其间，为长夜之饮”。1983年发现河南偃师商城池苑遗址，与《史记》所载相吻合，但不能确定这帝王之池，是盛水还是装酒。据说，纣王好色，宠爱妃子妲己，对她言听计从。妲己想出种种淫乐游戏，迷惑君王，又以种种毒刑惩罚臣子，以致上下皆怨，国势日衰，终于被周武王所灭。其实，商之灭亡，绝不会因为妲己一个女人，这只是显示了父系社会男权主义的特色——“女人是祸水”。

至于纣王是不是无道的暴君，至今争论不止。历来亡国之君总是被人诟病，所以有学者说纣王的种种暴行多为附会。其实，他聪明勇武，在开拓中国疆土上立有大功。

3. 西周

周文王开疆拓土，周武王建立西周，将奴隶制推向新的高度。西周是奴

明　仇英　帝王道统万年图　周文王

隶制社会的顶峰，官制完备，冶炼业、农业颇为发达，缫丝、织染独步当时。当文明程度很高的埃及人和两河流域的贵族只能穿亚麻织物的时候，西周的贵族已经穿着丝绢，普通百姓也穿苎麻了。

那时候，小国林立，周王为“共主”，他的威权实际上只达于他统治的中央地带。那巴掌大的地方称为“中国”，因为它是中央之都，象征着真正的权威，“中国”渐渐演化成整个国家的名称。有人说“中国”两字是“世界中心之国家”的意思，那是可笑的曲解。

4. 东周（春秋战国）

周平王迁都洛邑（今河南洛阳西），史称东周，从此进入春秋战国时期。

“春秋”的名称据说是由孔子编撰的历史著作《春秋》而来。“春秋”的意思是春秋代序，岁月更迭，可转意为“历史”。《春秋》一书记载鲁隐公元年（前 722 年）至鲁哀公十四年（前 481 年）的事情，与“春秋战国”历史年代的断代相近。春秋时期从周平王元年（前 770 年）至周敬王四十四年（前 476 年），共 295 年的历史。

“战国”的名称，因《战国策》一书而得名。主要写七个强大诸侯国的历史，由周元王元年（前 475 年）至秦始皇统一中国（前 221 年），共 255 年的时光。

周平王弃镐东迁

这前后 550 年的历史，成为中国历史上重要的一页。

春秋战国为秦汉时代的强盛做了各方面准备。

（1）生产力的发展，为经济的繁盛打下了坚实的基础

周的先祖后稷就善农耕，周的农业文明也十分发达。西周至春秋战国 800 多年的岁月，农耕仍然是中原地区主要的经济形式。农作物种类很多，号称“百谷”。为了制造农具和兵器，冶炼术颇为发达。西周后期，出现了铁器；春秋后期，发明了生铁冶炼技术。冶铁术和铁器的出现是生产力一次伟大的进步，使此后的大面积农田开垦和耕作成为可能，并使手工业从农业中逐步分离出来，促使旧有的奴隶制生产关系逐步瓦解而代之以封建制生产关系。纺织、染色技术的发达也为人们经济生活的改善打下了基础。

总之，没有春秋战国时代冶炼术、农业、纺织业、交换业的发达，就不可能有秦汉时代经济的繁盛。

（2）政治上的准备

周初，分封诸侯，虽然使中原小国林立，形成纷争不休的局面，却也从反面提供了经验，使秦汉以后中国的大一统局面成为政治体制的主流。周朝诸侯为各地实际的君主，分为公、侯、伯、子、男五等爵位。中央政权则设太师、太保辅佐天子总理朝政，司徒管农田，司空管百工，司马管军事，太史管天文、历史，太卜管占卜祭祀等。这种政治制度与政治经验也为秦汉两代的君王所借鉴。

（3）思想与哲学上的准备（理论准备）

春秋战国时期是中国思想文化最活跃的时期之一，是中华文明初构时期的思想探讨阶段。各种问题、各种思想、各种方法论、各种对策彼此争鸣。这极为活跃的思想交锋，使中国古代的哲学、文化达到了空前的繁荣。孔子的儒学，老子的道学，墨子的兼爱，韩非子的法治等都成为日后中国文化的主要内容，相容而互补。

哲学，特别是关于社会与道德的部分，是统治阶级治理国家的理论根据。春秋战国的百家争鸣为秦汉的强盛奠定了理论基础。

德国学者雅斯贝斯在《历史的起源与目标》一书中曾断言，在公元前 800 年至公元前 200 年，人类出现了一个文化轴心时代。这时候只有三个或四个地方产生了哲学，其他任何地方都没有，这就是中国、印度和希腊，或者还可以加上以色列。他们对宇宙和人生提出了理性的超越性思考，由此确定了各自的思维方式。实际上这四个互无联系的古老文明都提出了相同的问题，而回答却是各不相同的。人类至今的文化，依旧是这四种文明和思维方式的延续、发展和变化。雅斯贝斯所说的这个“文化轴心时代”正是春秋战国时代。

秦汉时期

1. 秦朝

秦朝可以说是中国历史上第一个高峰期。

战国时期，齐、楚、燕、韩、赵、魏、秦七个诸侯国争霸，史称战国七雄。秦王嬴政雄才大略，锐意改革图强，终于以七雄之一兼并六国，统一中国，建立了中国历史上空前统一的大帝国，开始了长达 2100 多年的封建法统，实乃“千古第一帝”也。

秦王灭掉赵国之后，燕国太子丹非常恐惧，就派武士荆轲去刺杀秦王。荆轲的好友高渐离是击筑的好手，在他的筑声中，荆轲常常能把剑舞到出神入化的境界。荆轲明知刺杀秦王是有去无回的任务，但“士为知己者死”的侠义心肠和灭掉强秦的决心让他慷慨赴命。为了能受到秦王的接见，他带上秦王悬赏捉拿的樊於期的人头和燕国伪称献给秦王的督亢地区的地图西去秦国，并临时找了一个少时就杀过人的武士秦舞阳做随从。高渐离赶到易水河畔为他击筑送行。荆轲在筑声中高声放歌：“风萧萧兮易水寒，壮士一去兮不复还！”筑声激越，歌声悲怆，风声凄切，水声呜咽，送行的人们白衣白帽，都潸然泪下。这是中国历史上最悲壮的画面之一。

荆轲刺秦王画像石拓片

秦王召见荆轲，同行的秦舞阳被秦王的威仪吓得手脚发软。荆轲只好独自上前。当献上樊於期的人头，又打开督亢的地图时，显现出一把寒光闪闪的匕首，荆轲抓住秦王衣袖拿起匕首刺向秦王。秦王挣断衣袖跳向厅堂绕柱而走，卫士们都不知所措。秦王好不容易拔出长剑，荆轲被御医投来的一只药袋击中，秦王才砍断了荆轲的左腿。荆轲奋力将匕首投向秦王，没有刺中，秦王又砍向荆轲。身受八处剑伤的荆轲靠在柱上朗声大笑，秦王的大臣们一拥而上，斩杀了荆轲。

公元前 221 年，秦王终于灭了六国，统一中国，称始皇帝。

高渐离决心为荆轲复仇，就乔装前往秦国咸阳，他善击筑的名声让酷爱音乐的秦始皇将他召进宫。秦始皇知道了他的身份后，就熏瞎了他的双眼，依旧让他在宫中奏乐。高渐离将熔化的铅块注入筑内，使筑成为沉重的器物。那天，他在宫中演奏，精妙处让秦始皇动情，走近来倾听他的筑声。高渐离突然将筑击向秦始皇，秦始皇躲开，卫士一拥上前将其捉拿，秦始皇盛怒，下令处死高渐离。

荆轲、高渐离刺杀秦王的故事是中国文化中极其重视的“义”的精神的表现。这故事越 2000 年岁月依旧新鲜，成为许多艺术家钟爱的题材，其原因就在于“义”的精神原则由古承袭至今。

秦始皇可以说是第一个坚定起统一的信念与理想并且得以实现者。应当说，中国的封建社会法统由他肇启，他留给历史的印痕是极为深刻的。秦始皇的暴政是酷烈的，但他的历史功业也确乎不朽。秦始皇统一中国的文字、度量衡，他修路、开渠、建长城，使“秦人”之名达于四邻，以至于今天不少外国人仍称中国人为“秦人”，其功业当是空前的。他创下的秦朝虽为农民起义所灭，却也为汉的兴盛打下了基础。

2. 两汉

汉分西汉、东汉。西汉从公元前 206 年至公元 8 年。此后发生农民起义，刘秀击败各路军队在洛阳称帝，重建汉朝，称东汉。东汉自公元 25 年至公元 220 年。

刘秀帝号光武，是中国历史上极为少见的中兴之帝，文修武备，也为中国历史作出不小贡献。可惜，他统治下的王朝已不复西汉的强盛。因此，汉的繁盛顶峰期还在西汉，即所谓“文景之治”及其以后的武帝时期。

汉朝是在秦末农民起义中建立的。汉高祖刘邦原为沛县一个管理十里地方的亭长，他起兵反秦，重用智士贤达，爱惜将士民众，深受百姓欢迎。另一位起兵反秦的壮士是项羽，原为楚国贵族的后裔，勇武才俊，是盖世的英雄。秦王朝在义军的战火中溃败，刘邦先攻入咸阳却又悄然退出。而号称西楚霸王的项羽却坑杀了秦军降卒，传说进入咸阳还焚毁了阿房宫。此后，汉王刘邦与楚王项羽重启战端，最后刘邦大军将项羽的军队围困在垓下（今安徽固镇东北、沱河南岸）。入夜时分，四面刘邦的大军唱起项羽士兵家乡的楚歌。楚军士兵纷纷垂泪，无心再战。项羽和爱妃

刘秀

虞姬

“汉并天下”瓦当

虞姬面面相觑，帐外项羽的坐骑宝马乌骓嘶鸣不止。项羽不由悲歌：“力拔山兮气盖世，时不利兮骓不逝，骓不逝兮可奈何，虞兮虞兮奈若何！”

虞姬悲不自胜，勉为项羽歌舞，然后突然拔剑自刎，死在项羽的怀中。项羽诀别爱妃，召集部下，突出重围逃至乌江（今安徽和县东北）。面对追兵，项羽慨然自道“无颜见江东父老”，说罢挥剑自刎。“霸王别姬”和“乌江自刎”依旧是今日中国人耳熟能详的壮烈故事。汉朝在战乱中建立，所以汉初实行“轻徭薄赋，与民休息”的政策，社会、政治、经济开始出现良性的循环。到了第五位君王刘彻，即著名的汉武帝时，终于达到了鼎盛的局面，在政治、经济、文化、民族关系与中外交流等各方面都取得了重要成就。

汉武帝的主要作为是：

政治上，他进一步削弱诸侯王，打击了地方割据势力，使秦开始的中央集权制国家至此才真正地巩固下来。他加强中央集权，改革用人和选任官吏的制度，为后世历代王朝所沿用。

经济上，他改革币制，发展商业，兴修水利，促进农业，实行盐铁专卖，增加财政收入。经济上的空前繁荣，使他有强大的军力去征战四方。

军事上，他与不断进犯北部边境的匈奴族骑兵进行了三次大战，巩固和发展了统一多民族国家，奠定了汉代的版图。

清　袁耀　阿房宫图（局部）

清　周开泰　新诗造纸书画谱　伐竹作料

在对外关系上，汉武帝派张骞出使西域，沟通了汉与西域的关系。从此，东亚、中亚与西亚乃至北非渐次交流，中国的丝和丝织品得以从长安西运西亚，甚至直达地中海、埃及亚历山大城。这条长达 7000 多公里的著名的丝绸之路把中国和欧亚联系起来。当驼铃和马蹄声飞扬在沙原、胡杨林和苍茫的山野上空时，谁能想到这是人类创造的饱含雄健悲怆诗意的商业之旅呢？丝绸之路带来异域的特产和见闻，使东方人开阔眼界，而且把当时处于领先地位的中华文明经由中西亚传向欧洲，对促进世界文化的发展和东西文化的交融作出了伟大的贡献。今天，它以某种神秘和不羁的开拓精神激发着人们的想象力和热情。古老的丝绸之路似乎可以成为今日东西方文化交流的“范本”，重开丝绸之路的呼声高涨，也吸引着越来越多的人们。

汉朝出现了伟大的史学家、文学家、思想家司马迁。他如椽的大笔创造了纪传体史书《史记》，准确、生动地记述了汉武帝及以前的历史，为后世留下了宝贵的财富。他那飞扬的文采也成就了令人赞叹的华章，为后世中国散文树立了典范。而他秉笔直书、不为尊者讳的公正的写作态度，也为历来的史家所推崇。他的经济、军事、文化、政治思想也卓尔不群，为后人所重。无汉武则无司马迁，无司马迁则无汉武业绩之流传。这结论似乎专断，但也庶几近之，不为大过也。

西汉末年，佛教开始传入中国。东汉时，蔡伦改进造纸术，张衡发明地动仪，张仲景、华佗将医学发展到让人仰视的高度，都是了不起的成就。

汉代的文明之光耀人眼目，在历史的底片上留下了清晰的痕迹，乃至今天“汉人”成为中国大部分人群的代称。中华民族中人数最多的一支也称为“汉族”。“汉文”“汉医”“汉学”等成为外部世界对中华文明各部分的统称。

汉代所处的时期正是罗马由共和国转为帝国，正对外扩张的时代。在中国西部曾经发掘出罗马人的骨架，甚至还有罗马人的后裔至今生活在中国西部，这是不是那时远征东方的罗马

金协中　彩绘全本三国演义之三江口周郎纵火

帝国的士兵葬身中国西部的冰天雪地，或是有人停留在中国得以子孙繁衍，至今还是个未解之谜。总之，那时的中国与西方已经有了密切的交往。

魏晋南北朝时期

东汉正式灭亡是汉延康元年（220年）的事，但在这之前，汉也只存虚名而已，中国实际上陷入了蜀汉、曹魏、孙吴三国分立相争的局面。这段历史被陈寿的《三国志》如实地记录下来，后来罗贯中撰写的小说《三国演义》成为中国家喻户晓的奇书，许多生动的故事将永世流传。

公元208年，正是罗马帝国皇帝塞维鲁率兵亲征不列颠之时，中国发生了著名的赤壁之战。曹操以汉天子之名率领20余万大军攻打刘备。逃到长江南岸夏口（今湖北武汉）的刘备，听从了军师诸葛亮的建议，与东吴的孙权联合抗曹。诸葛亮出使柴桑（今江西九江西南）去见孙权，说服孙权与刘备建立抗曹联盟。十一月初，孙刘联军与曹军在赤壁（今湖北赤壁西北）相遇。天寒地冻，北风呼啸，曹军不惯水战，又不

北魏　山西大同云冈石窟第 20 窟　释迦坐像

服水土，病者无数，只好撤到江北与江南的孙刘联军对峙。曹军为了适应北方士兵不习水战的特点，便将战舰用铁链锁在一起。曹操又接到孙权部下大将黄盖的“降书”，信以为真。在约定的日子，曹操率军起锚过江，准备与黄盖会合攻击孙刘联军。谁知天上突然刮起东南风，黄盖率十艘战舰，满载干柴向曹军战舰驶来，临近曹军，十艘战舰突然燃起熊熊大火，直扑曹军船阵。曹军战船因铁链拴在一起无法逃避，陷入烈火之中。火借风势愈加猛烈，曹军纷纷跳水而逃，溺死无数，曹操狼狈

北魏　莫高窟第 254 窟主室北壁（局部）　尸毗王割肉贸鸽

而归。从此，逐步形成魏、蜀、吴三足鼎立的局面。赤壁之战中，诸葛亮的通晓天文、地理、军情的精明才干和外交才能，孙权部下周瑜的强悍和自矜都显露无遗，他们都成为杰出的历史人物。赤壁之战也成为中国文艺永恒的题材之一。

公元 476 年，西罗马帝国灭亡。西方跌进长达 1000 多年极其黑暗残酷的中世纪，而中国进入了魏晋南北朝的后期，这也是中国文化史上一个极为重要的时刻。魏晋南北朝有长达 370 年的纷争，经济、生产艰难前行，文化与科技却硕果

唐　孙位　高逸图（局部）

累累。数学家祖冲之计算的圆周率数值（π值），已精确到小数点后7位，比西方数学家早近1000年；地理学家郦道元的《水经注》、农学家贾思勰的《齐民要术》都是极其重要的科学著作。

左思的诗赋、王羲之的书法都流韵无尽，嵇康的《广陵散》至今还被奉为雅乐的典范，画家顾恺之至今是民族的骄傲，陶渊明的诗文则永世流传，刘勰的《文心雕龙》与钟嵘的《诗品》是研究文学与诗歌本体规律的经典，曹操、曹丕、曹植父子（合称“三曹”）以其文学成就成为中国文学史上不灭的星辰。

此时开始建造的大同云冈石窟、河南洛阳龙门石窟、甘

肃敦煌石窟，都是人类的文化瑰宝。

魏晋南北朝时期，是中国历史上的民族大融合时期，特别是北方，“胡人汉化”，“汉人胡化”，胡汉交融的局面维持了近一个半世纪。中华民族内部形成彼此学习、交融混合的状态，这在当时的文化遗存（如石窟的佛像）上就可看出。今天许多汉族姓氏来自“胡人”，也有许多汉族人是“胡人”的后裔。这种开放与交流大大促进了中华文化的发展，为后世的盛唐文化奠定了基础，为统一创造了条件。

魏晋时代，玄学大炽，这是中国哲学史上的辉煌时期。以“竹林七贤”为代表的当时的先锋人物，在自身之外发现了大自然伟大的创造力、无尽的美和超凡的想象空间；对内发现了人自身潜在的无限的创造力。在“天人合一”的思想下，主张率性地弘扬人的创造力和个性。他们的言行一时间成为人们追慕的榜样。他们给哲学、文学、艺术开辟了活泼自由的创造空间和风气，留下灿烂的艺术成就，影响所至，使隋唐乃至宋明时期的文风都呈现出鲜活和浪漫的格调。研究中国文化，切不可忽视这个纷争的时代。

隋唐时期

中国封建社会的第二个高峰期便是公元 581 年至 907 年的隋唐时期。

这是中国古代史上辉煌璀璨的时期，唐的繁盛是今天无论有多么丰富想象力的艺术家也难以想象的。

公元 581 年，当拜占庭帝国的罗马将军毛利斯在君士坦丁堡大败波斯人的时候，中国的北周大将杨坚迫使北周皇帝退位，自立为帝，国号隋，建都长安。在消除了北方突厥军事威胁之后，挥师南下。隋军仅用 4 个月的时间于 589 年灭掉江南的陈国而统一了全国。杨坚（隋文帝）实行一系列改革政策，使得隋朝国富民安，人口骤增，仓廪丰满，于是下令“寓富于民”。中国的版图东起大海，西到新疆，北达大漠，出现了罕见的富足强大的气象。杨坚次子杨广弑父杀兄，夺取了皇位，是为隋炀帝。历史上历来指责其荒淫暴虐，使强隋迅速崩溃，只留下一条人工开通的京杭大运河作为隋朝的遗存，今天依旧起着巨大的作用。

唐朝在隋末各地起义军纷乱的战事中建立起来，却也承继了隋朝强盛富足的家业。唐朝有两个著名的皇帝，一个是唐太宗李世民，他发动“玄武门之变”，登上皇位；另一个是唐玄宗李隆基（亦称唐明皇），武则天的孙子。关于他们的传说、演义和诗歌，演变流传，历千余年而不衰，依旧活跃在今天的荧屏，闪现在文字中。

1. 开元盛世

唐太宗李世民从纷乱的战事和前朝的倾覆中认识到“水能载舟，亦能覆舟”的道理，采取轻徭薄赋、休养生息的政策，倡节俭，促生产，使经济迅速发展。他广开言路，征召贤良，发展了科举制度。又以和亲政策代替征伐，与各民族友好往来，国势大盛。这便是有名的“贞观之治”。

唐代的鼎盛是在玄宗时期。他开创的“开元盛世”，成为中国历史清明富足的典范。应当说他是个幸运的皇帝，李氏的先皇为他积累了家业，武则天又为他巩固了政权，加上他年轻

帝鉴图说　宠幸番将，唐玄宗与安禄山宴乐

时文修武备，任用贤良，整顿吏治，实现了政局的安定，为社会经济的发展创造了条件。由于农业生产基础雄厚，商业也随之繁华兴盛。他又加强军事防务，巩固了北方和河西走廊的安定，使国力强盛，声威远震，各国使者往来不绝，长安城里欧、亚各国商人云集。他清户籍，查土地，加强财政管理，使唐代累积的财富更加充裕。唐朝雄踞亚洲，俨然是世界文化中心。海外诸国咸来交往，各国使臣、商人、侨民居住在长安者达5万余人（占长安100万人口的5%）。长安城街巷如网，行人如织，商品充足，歌台舞榭，笙歌不绝，成为当时世界上最大最繁华的都市。可惜，唐代的长安毁于战火，为历史的尘埃所湮没。今日的西安是明代的城池，唐代的遗迹只留下大雁塔、青龙寺等少数建筑，还在漠漠长空下细数着往日繁华的记忆。

晚年的唐玄宗，渐渐丧失了年轻时的锐气和锋芒，又为盛名与政绩所累，逐渐耽于声色，闭目塞听，整天和贵妃杨玉环欢谑。于是，朝政日废，内乱生起。安史之乱让他仓皇逃往巴蜀，在部下的威逼下，不得不将杨玉环赐死。这悲剧成为后世诗人、编剧人写作的好题材。经过安史之乱，唐朝转向衰落。

唐朝是中国封建社会辉煌的时期，也是那个时代先进而开放的国家。陆路、海上的通道遍及四方，贸易交换的地域广达太平洋、印度洋、地中海。东亚及波斯的商人，足迹几乎遍中国，西亚、北非与大唐的商贸交易也极为活跃。各国的僧侣、学者、留学生千里迢迢来到中国。仅日本就先后派遣过十多个遣唐使团，乘船漂洋过海来到长安，从官员、僧侣到诸工百匠“对口学习”，有的还在唐朝应举为官。他们都将当时先进的大唐文化传向各地。隋唐时代，科技、文学、天文历法、医学、哲学、建筑、绘画、音乐、舞蹈乃至服饰、礼仪，都成为世界一时之风尚，为许多地区特别是东亚各国所仿效，甚至流行至今。

8 世纪初，女皇武则天逝世后，处在黑暗的中世纪的西欧诸国同东方的商贸交通几乎完全断绝，中国成了一个遥远而神秘的国家。而唐代却是中国向外部世界学习的盛世，中外文化的互融达到封建社会的高峰，玄奘取经的故事便是一个永远鲜活的例证。

玄奘像

2. 玄奘取经

玄奘（602 ~ 664 年），姓陈名祎，河南偃师人，13 岁出家，法号玄奘。他精通许多佛典，但仍不满足，决心到天竺取经。起初，他上书太宗请求外出取经，未获批准。但他决心不改，于贞观三年（629 年）趁太宗同意饥民四出就食的机会，化装混在饥民中，走出长安，踏上求法取经的漫漫长路。他历尽艰难险阻，几次命悬一线，但都以坚韧的毅力战胜各种艰险，九死一生，终于到达目的地。当时的天竺分为东西南北中五部，玄奘遍历天竺寻师求学，成为当时最有学问的十名高僧之一。

贞观十六年（642 年），天竺举行了一次全天竺的佛教学术辩论大会，会众达几千人，公推玄奘为论主（主持人）。大会连续开了 18 天，玄奘以精深的学问、虔诚的心态、雄辩的才能受到全体与会者的拥戴。在万众欢呼声中，他被拥上大象背上的华座巡行会场一周，并被大乘教派奉为“大乘天”，小乘教派奉为“解脱天”，这是至高无上的美誉。

玄奘于贞观十九年（645 年）携带 657 部佛经、大批佛像及南亚花果种子回到长安，受到唐太宗及群众的热烈欢迎。一心取法的玄奘谢绝了唐太宗的封赏，开始了 19 年的译经伟业。他是第一个将天竺译为“印度”（即“月光照耀之地”）的人。月光是佛法中极具诗意的象征，真理就像澄明的月光一样，浸润着世界和人类的心灵。玄奘译出了佛教经论 75 部，1335 卷，1300 多万字；又将他历时 17 年的西行取经所见所闻，口述实录成《大唐西域记》。唐麟德元年（664 年）二月初五，62 岁的玄奘在完成了他的伟业后于玉华寺内逝世。安葬时，100 多万人在长达 500 里的路上为他送行。

玄奘不仅是一代佛教领袖，更以行动展现了中华民族学习域外文化的坚韧精神。他以虔诚的心灵，百折不回的意志，将真理撒向众生的精神世界，无论如何都是值得人们永久崇敬的。

玄奘去印度取回佛教的典籍，藏于长安弘福寺。佛教东渐，其中心逐步移向中国。基督教与伊斯兰教也在此时传入中国。各国的文化渐渐与中华文化相融，有不少渐渐演变为中国的“土产”，如西域的果品、乐器等。

李白

3. 唐代的文学成就

唐代的文学更是光芒四射。初唐四杰（王勃、杨炯、卢照邻、骆宾王），盛唐高适、岑参的“边塞诗派”，王维、孟浩然等自然风光的吟诵者都如天上的明星。而“诗仙”李白、“诗圣”杜甫那永垂史册的瑰丽诗篇已经成为中华文明的结晶，与天地共存。其后的白居易、韩愈、孟郊、李贺、杜牧、李商隐等一大批诗人的诗作也都各具特色。研究这一时期的文学和诗人群体，永远是文学理论界的重大课题。

全世界的诗人们似乎都和浪漫的爱情有扯不断的联系，其中唐代诗人崔护的故事就颇具东方色彩。

一年清明节，风和日丽，长安城外游人如织。青年诗人崔护因举进士不中而郁郁寡欢，独自一人漫步在长安城外。他在南庄见到彩霞般绚丽的桃花，心情为之一振，不觉口渴，便到一户人家找水喝。那家的门开了，一位美丽的姑娘为他端来茶水，又身倚桃树凝望着崔护，眼里流露出温存的目光。崔护也心生爱意，两人脉脉相视，依依不舍。告别后，崔护竟无日不思，梦牵魂绕，那美丽的影子总是徘徊在他的心中。

第二年清明，崔护又急忙忙赶去南庄，见桃花依旧繁盛，那户人家却门扇紧闭不见人影。无限怅惘的他在门上题写了一首诗《题都城南庄》："去年今日此门中，人面桃花相映红。人面不知何处去，桃花依旧笑春风。"题罢怅然归去。几天后，他又来到此门前徘徊逡巡，不知所以。一位老翁见到他，扯住他衣袖说："你就是在我门上题诗的小伙子吗？你可把我女儿害苦了！去年清明以后她就神情恍惚，几天前她看了你的诗，回家后就水米不进，眼看要死。"说罢大哭起来，崔护赶忙请求进门一见。老人把他推进门去，果然见那当年的女郎，如今气息奄奄，形容枯槁，病倒在床。崔护急忙走到床前，流着泪说："我，我来了，我在这里。"那女郎竟然睁开双眼，惊喜之下，病竟自好了。全家大喜，一对有情人喜结良缘。崔护于贞元十二年（796年）登进士第，官至岭南节度使。

这"人面桃花"的情诗，流传千年，至今还传诵于中国的青年男女之间，大约也都心仪那桃花般灿烂的爱情。

唐　法门寺地宫四门金塔

4. 神秘的法门寺出土文物

1987 年，在陕西扶风发掘出法门寺地宫，使埋藏了 1000 多年的大唐文物得见天日。其中有在佛教史上地位殊显的佛指舍利，各种供品，还有金、银、玉、琉璃等器物珍宝，更有秘色瓷等久绝于世的奇珍。那富丽堂皇的地宫不仅还原了一个佛教密宗的中心曼陀罗（道场及供奉仪轨），显示了佛教的中心已移至中国的历史，还以实物勾勒出大唐文明的辉煌。地宫出土文物均有明细账目，乃至制作工匠的姓名均有勒石记载，与文物一齐出土。这法门寺地宫文物涉及佛教史与佛学乃至茶、纺织、染色、琉璃、金银制作、玉石雕制、中外文化交流等诸多内容，本身就是一个活的书库与博物馆。文物遗存显示的是唐由中期向晚期嬗递时的社会状况，虽已不复盛唐水平，但那令人瞠目的璀璨文化依旧让人心潮澎湃，盛唐的富足简直难以描绘。

五代十国时期

隋唐的高峰一过，中国历史之河便进入了一个低谷期。五代十国时期，中国境内政权林立，争战不休。但南方相对安定，经济发展水平逐步超过北方。文化上，画家辈出，词进一步发展，南唐后主李煜婉约的词章流传于世，亡国之痛更使这位政治上的庸才成为文学上的高手。

这一时期真正的政治俊才应当是后周的统治者柴荣，他在政治、经济、文化、军事上都锐意改革，以期统一中国。可惜，壮志未酬身先死。幼子继位，禁军统帅赵匡胤发动陈桥兵变，黄袍加身，建立了宋朝。

有意思的是，中国这几十年的动荡期，也是全世界不安定的时代。无论亚洲、欧洲还是非洲，都充满了王朝的争权夺利，国家间的你争我伐，还有宗教分歧引发的争执。不管是拜占庭帝国，还是教皇统治下的土地，都在动乱中颤抖。也许，世界上的人类必须同享苦乐吧。

宋元时期

1. 宋代——中华文明的鼎盛时期

赵匡胤建立宋朝，定都汴京（今河南开封），称北宋，他的后人迁都临安（今浙江杭州），称南宋，共历 18 帝 320 年。无论北宋还是南宋，都是军事孱弱、国势衰落、版图缩小的朝代。尽管有赵匡胤这样的“明主”，宋朝却一直未能解决好与北方诸强邻的关系，与之先后并立的辽、西夏、金等少数民族政权不断与其争战，使 300 多年的大宋王朝始终过着提心吊胆的日子。

然而正是这样一个朝代，却在中国文化的建构上起了至关重要的作用。中国文化自春秋战国百家争鸣、诸派纷起，经秦汉魏晋隋唐的交并、融合、梳理、归纳，再加上与外部世界文化如佛教、基督教、伊斯兰教文化的彼此渗透，在宋时渐渐条

宋　张择端　清明上河图（局部）　描绘了汴京的城市风貌与民众生活

理清晰。宋明时理学大炽，对中国的主流学派儒学经典进行了注与疏，渐渐形成以儒、释、道为支柱的中国传统文化架构。一方面有了严谨的结构和体系，另一方面又以开放兼容的姿态吸收外部文化的精华，这使中华传统文化有了稳固的基础和发展前景。这一进程大致完成于宋代。于是，这个孱弱的时代在文化上就有了独特的地位。

给世界带来深刻影响的中国四大发明，除造纸一项是西汉人的发明外，其他三项（火药、活字印刷、指南针）都在宋代有划时代的发展。

北宋前期确也歌舞升平，张择端的《清明上河图》将北宋

汴京的繁盛移至画纸。那舟楫往返、货物如山、店铺鳞次栉比、道路车水马龙之景确也动人。可惜好景不长，一面是帝京上元灯火亮，一面是边塞烽火急，宋朝的日子真不好过，连宋徽宗、宋钦宗都被金兵掳去。朝廷南迁后，依旧荒唐度日，岳飞被害的故事就发生在这个时期。

岳飞（1103~1142 年），字鹏举，相州汤阴（今河南安阳汤阴县）人，是南宋名将。他孤军奋战，抗击金兵，屡获大胜，收复了北宋时期许多失地。他力主收复燕云十六州，但被高宗和权相秦桧拒绝。他率军进击中原，在百姓的支持下收复大片失地，正准备渡过黄河时，却被高宗以十二道金牌逼催召回临

宋　刘松年　中兴四将图

安，又被奸臣秦桧诬陷，以“莫须有”的罪名杀害。岳飞成了保家卫国的英雄象征，受到人民歌颂。岳飞出征前，他的母亲在他脊背上用针刻写了“尽忠报国”四个大大的血字，为他壮行。往后抵御外侮时，“岳母刺字”的故事和岳飞慷慨悲壮的精神，成为鼓舞中国人民斗志的鼙鼓。他那首激情昂扬的诗篇《满江红》，曾经鼓舞了无数抗敌保家卫国的中国军人。而秦桧则成为卖国贼的代表。如今杭州的岳庙里还有秦桧夫妇的跪像，世世代代受人们斥责。

宋金对峙时，蒙古族乞颜部首领铁木真也逐渐崛起。他统

一蒙古，称“成吉思汗”，他和他的子孙挥师西征，半个世纪中蒙古骑兵对中亚、西亚和东欧进行了三次大征讨，建立了一个横跨欧亚的帝国。1271 年，忽必烈改国号为元，次年定都北京，称“大都”。南宋经 40 多年的抗争，终于以文天祥“人生自古谁无死，留取丹心照汗青”的悲壮诗句结束。元朝成为中国历史上第一个由少数民族统治全国的朝代。

2. 元朝——实现了多民族国家的统一

元朝的功绩在于结束了唐以后 300 多年的分裂、战争局面，又一次实现了多民族国家的统一。元朝的疆域远超盛唐，“北逾阴山，西极流沙，东尽辽左，南越海表”，现代中国的版图已初步确定。

元朝于大都成立政教合一的宣政院，管辖西藏地区行政，西藏成为元朝正式的行政区。云南各民族也归于中央政权管理。元朝还设澎湖巡检司，管理澎湖和琉球。

元朝的对外关系达到中国古代的鼎盛期。亚洲诸国早与中国有密切的联系，这时的交往更超越先前。欧、非大陆诸国此时都与中国有了商贸来往。意大利青年商人马可·波罗就是在这时来到大都，在兴旺的大元帝国生活了17年，返回故乡威尼斯后口述东方见闻，形成《马可·波罗行纪》一书。这部内容不无夸张的著作，引

成吉思汗像

元　刘贯道　元世祖出猎图

起了西方对中国长久的不可抑制的好奇与钦慕。

元朝的宗教政策比较开放。各种宗教都在中国迅速发展，特别是伊斯兰教在元代大为流行。一个使用汉语文、普遍信仰伊斯兰教的新民族——回族，在元明时期逐渐形成。

元朝中后期，政治极其腐败，民族压迫与阶级压迫交织。于是，各地义军蜂起。公元 1368 年，朱元璋的军队攻入大都，元朝灭亡。自忽必烈建国至大都城破，元朝共历 98 年。

3. 宋元文化、科技的发展

宋元时期，除了文化上的功绩外，在科技方面也繁星如炬。四大发明都进入广泛应用期，活字印刷开始使用。指南针已用于航海，中国有了世界最大的船队。兵工厂造出了类似燃烧弹的火箭，元代还开始使用世界上最早的金属管形火炮。宋朝的沈括写出伟大的科技著作《梦溪笔谈》，元代的郭守敬在大都建立了当时最先进的天文中心，黄道婆改革纺织工具，使纺织业得以发展。

宋代的苏东坡、李清照、辛弃疾、陆游等都是诗词大家，他们的作品将彪炳千古。元曲作家关汉卿、王实甫、白朴、马致远使中国戏剧进入了成熟的辉煌期，他们生活的时代大约比莎士比亚早 200 年。

程颢、程颐兄弟和朱熹的理学研究，对传统哲学进行总结、综合，给后世的影响是毋庸置疑的。司马光编写的《资治通鉴》记载了1300多年的历史，完善了中国史书的编年体系，而且弘扬了读史鉴今的历史学观。

自然，还有王安石的变法。那是一次在维护封建统治的前提下，如何更好地解决地主与农民之间的矛盾，使国家得到更多经济收益，企望“民富国强”的一次失败的试验。

这一切，都为明清时期的到来打下了基础，中国的封建社会开始出现新的生产方式。虽然这种缓慢的发展遭到了扼杀，中国社会以悲壮曲折的斗争步入近代，但是我们应当对中国封建社会这些积极变化给予一定的重视。

中国古代社会正是在这样一种状态下进入明清时期的。

明清时期

这是中国封建社会结束之前的一个高潮，犹如一出戏剧在落幕之前的一次剧情的跌宕。

这一时期是中国古代向近代发展的重要时期。中国近代的衰落，明清时期是个关键，寻找中国近200年来落伍的原因也应当由这一时期开始。

1. 明代——资本主义萌芽兴起，市民经济及市民文化开始活跃

明朝于 1368 年建立，定都应天府（今南京）。明初，封建经济继续发展，中国依旧处在世界的领先地位，GDP 依旧位于世界前列。至明朝中后期，商品经济活跃，资本主义萌芽已稀疏出现，特别是江南一些地区，从五代十国时开始形成的经济中心，此时正向新型的市民经济过渡。明朝又是在元朝的废墟上建立起来的，必须小心地对待民族关系。而之前汉族统治的中央集权制政权，无论是模式还是经验都只存在于史籍，朱姓皇帝和他的助手都缺乏实际的感受，98 年蒙古族的统治已将汉族朝廷的印象洗得模糊。所以，朱元璋采取了一系列适应需要的利于国计民生的政策，使大明帝国迅速地得到巩固。他死后，朱棣在争夺皇位的斗争中取得胜利，继承皇位，是为明成祖（永乐皇帝）。

明成祖朱棣是个争议颇多的皇帝，他称帝后主要做了三件大事：

（1）迁都北京。北京是朱棣的发祥地，又是辽金元的故都，为了便于控制全国政局，也为了在北方加强对蒙古人南犯的防御，再加上当时运河已经疏通，可以解决南粮北运问题，所以，朱棣虽已在南京登基，但仍在北京大兴土木，建造宫殿，要把北京作为首都。永乐十九年（1421 年），宫殿基本建成，于是朱棣下令正式迁都北京，今日北京的格局也因此形成。

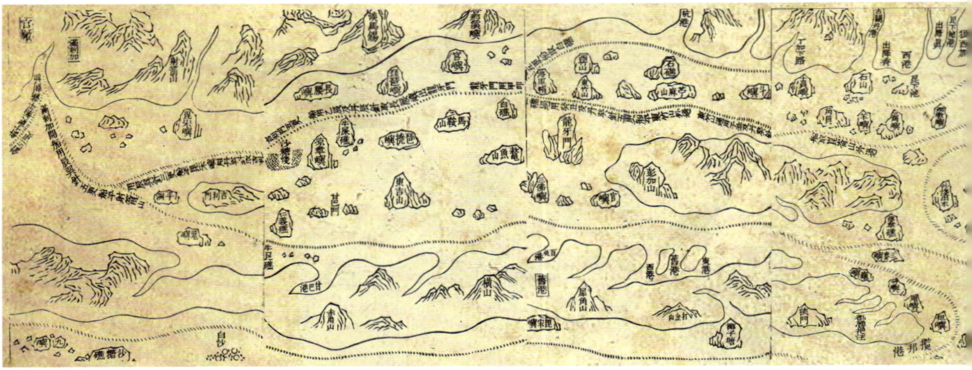

明　郑和航海图（部分）　全图绘示郑和出使西洋各国的航路和地名方位

（2）派郑和出使西洋，实行“兵不征南洋十五国”的和平外交政策。组建起当时世界上最强大最先进的船队，宣扬传播中华文化，与海外进行贸易。

（3）编纂《永乐大典》。这是中国也是世界上最早最大的百科全书，共 22877 卷。可惜这部浩瀚巨著目前在世上仅存近 800 卷，其余的在后来的岁月中遭到毁损，特别在 1900 年八国联军侵入北京时被烧毁或被盗运出国。

明代初期，西方社会还处于黑暗时代。但自 14 世纪文艺复兴思潮开始萌芽至 15 世纪初，自但丁开始，一批意大利文艺家高张人性复归的大旗，冲破宗教势力的牢笼为新生的生产方式高声呐喊，为工业革命开辟思想道路。而中国，在人文思想上却缺少这样汹涌的潮流，文化上相对呆板、滞后。明代中后期，中国的商品经济获得了大发展。徽商和晋商两

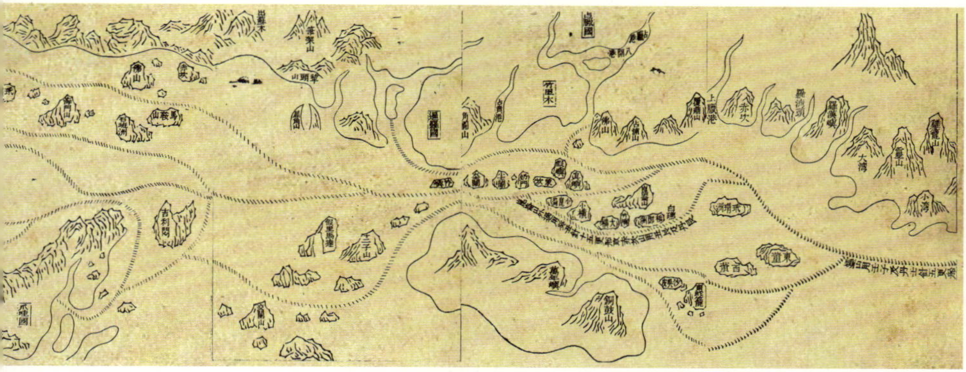

大商业集团的崛起和兴盛，在明清商业贸易发展中发挥着独特的作用。江南一带出现了一些新型的工商业城镇。一些完全脱离农业的工商业者，一些完全没有生产资料、只靠出卖劳动力为生的手工业工人，成为新的市民阶层，在这些城镇里十分活跃。明代的一些小说、话本，如“三言二拍”（“三言”指《醒世恒言》《喻世明言》《警世通言》，“二拍”指《初刻拍案惊奇》《二刻拍案惊奇》，是当时流行的世俗小说）中就记载了这些情形，也描绘出当时追利逐富、活泼恣肆的民风，展现出资本主义萌芽时期社会生活的某些特征。延续了千年的实物地租在一些商业发达的地区转化为货币地租，白银作为金属货币广为流通，有价证券（纸币）在宋时就已出现，此时更为流行。而丝绸、瓷器、茶叶、麻棉等货物又源源不断出口，白银从国外流入中国。南京、北京的人口都在百万以上。大运河上千帆竞渡，帆樯成林；长江沿岸的武昌、汉口成了贸易中心。自给自足的自然经济受到冲击，新的生产方式呼之欲出。

这时候内忧外患也开始加剧，新生的外国资本主义国家正处在早期殖民扩张时期，疯狂掠夺是其重要特征。荷兰、西班牙、葡萄牙等不断以海盗的方式侵袭中国，以日本浪人和走私商人为主的倭寇也不断骚扰边海。内部流民四起，宦党乱政；辽东地区的后金势力崛起，也屡屡进逼。

1601 年苏州纺织工人起义具有特别的意义。它意味着中国手工业工人作为新的市民阶层的主体之一，进入了政治层面的生活，这是中国古代史上的新现象，说明资本主义手工工场的生产方式已经成为不可忽视的存在。

2. 清代——封建时代的衰微和结束

1644 年李闯王（李自成）领导的农民起义，虽然推翻了明朝，却不能以新的政治纲领来适应新的生产方式的发展。

闯王进京，崇祯皇帝自缢在景山，明朝结束了长达 277 年的统治。李自成未能建立农民自己的朝廷，接续明代江山的是大清帝国。

清军入关，一开始还想实行“圈地政策”，例如把北京划成几个地区，驱逐居民，由旗兵驻守，但后来意识到这种政策的失误。在劝说清朝顺治皇帝和摄政王废弃“圈地政策”的过程中，德国科隆来的传教人士汤若望起过重大的作用。如今这位传教士的坟墓还完好地保存于北京，成为中外人民友好交往的象征。

清军所到之处，汉族及其他各族群众反抗甚烈。表面上看是所谓的发式之争，“留发不留头”，实际上是坚守汉文化传统还是适应满族文化传统之间的矛盾。

清代前期的几位皇帝不囿于本民族的传统，而是以开放的心态吸收整个中华民族各支系的先进文化，形成自己的政纲。他们甚至吸收西方的传教士为本朝官吏（如德国的传教士汤若望），并且发挥其在科技、天文、数学、化学上的技能，将西方的科技应用于中国。

入关后的第一个清朝皇帝顺治就是爱好学习的才俊，可惜他英年早逝。顺治十八年（1661 年），顺治逝世，他的第三子玄烨即位，即康熙。康熙是极爱学习、颇有作为的皇帝，他喜爱读史，从历史中汲取经验教训，用以治国。他即位的时候，明王朝刚刚亡国不到 20 年，强大的明王朝走过 277 年漫长的道路，怎么会一朝倾覆？他阅读了大量的史册，又细读《明实录》，探讨明朝亡国的教训。他在位时正是西方历经空前变革的时代，新的科学技术不断涌现。康熙就向比利时传教士安多学习天文仪器和算学知识，又向法国传教士张诚和白晋学习欧几里得和阿基米德几何学。康熙认真虚心的

清　宫廷画家　康熙帝读书像

学习态度感动了这些西方传教士，他们在回忆录中描述他的学习状况，称赞这位中国至高无上的皇帝。他曾亲自测验西洋历法，发现日食的推算出现了偏差。康熙三十五年（1696年），他在亲征噶尔丹行军途中准确地测算出喀伦与北极星的相对高度及喀伦到京师的距离。次年，他又测算出宁夏到京师的距离，还多次观测黄河、淮河、永定河、子牙河等水系的地形和水文。能这样做的皇帝，明清两代只此一位。

在康熙治下，中华民族虽然在世界民族之林中开始落伍，但在国内总体上仍保持了一个繁盛的局面。

清代“康乾盛世”（康熙、雍正、乾隆三代）是与汉初的“文景之治”，唐代的“贞观之治”“开元盛世”齐名的封建社会的辉煌期。而这时西方世界正兴起产业革命，资本主义生产方式使生产力获得了解放，机器与工厂都如雨后春笋。于是，原来落后于中国的西方迅速起跑，迅速前行。中国封建时代这最后的辉煌，已是落日前的夕照。

中华文明此时亟须调整与发展，新兴的生产方式亟须突破封建主义的文化桎梏。然而，统治者却变本加厉，实行残酷的思想文化专制主义，扼杀各种新思想。清朝统治者实行闭关锁国政策，阻断了中国与外部世界的联系，使中国的发展大为减缓。而已走上自由资本主义道路的西方诸国在经济、技术、军事上突飞猛进，终于超越了中国。

一向在贸易上处于劣势的西方诸国再也抑制不住自己的欲

清　郭朝祚　征西图（局部）
描绘了雍正年间平准战争中的一次战役

寧遠大將軍
少保查公親總
六師擒賊於古吉
兒和碩齊謹繪圖
以誌
軍諮祭
酒郭
朝祚

清政府与英国签订《南京条约》

望，英国以鸦片贸易为先导，继之以大炮军舰，用武装毒贩子的手段叩开了中国的大门。1840 年的鸦片战争改变了中国历史的进程，一个田园诗般的缓慢前行的中国，几乎被外来的强权撕碎，沉入屈辱的没顶的泥淖。

中华文化亟须内部的融合、调整与发展，亟须汲取外部文化的精华以适应社会的进步而未果，是近代中国落伍的内因；而资本主义列强的侵略打断了这个缓慢的进程，是近代中国落后的外因。

但是，中华民族的仁人志士不甘落伍，为振兴祖国创造出了可歌可泣的伟业。

1838 年 9 月 20 日，林则徐向道光皇帝上书禁烟，引起道

光皇帝的重视，被封为钦差大臣。他雷厉风行，虎门销烟，轰动中外。林则徐不惧英国“船坚炮利”，率广州军民痛击武装的毒贩子，翻开了中国近代史上反抗外来侵略的光辉一页。但昏庸的清王朝迫于英军的武力威胁，慌忙下旨流放林则徐，与英军谈判，签订了中国近代史上第一个卖国条约《南京条约》。1842 年夏，林则徐踏上流放新疆伊犁的戍途。他在西安与夫人郑氏道别，吟道：“苟利国家生死以，岂因祸福避趋之。”这诗句将他以身许国、不计个人荣辱的志气展示人间。

林则徐的好友魏源坚决支持禁烟活动，提出“师夷之长技以制夷”的主张。魏源在林则徐主持编译的《四洲志》的基础上扩充编写，于 1842 年写成 50 卷的《海国图志》，后扩为

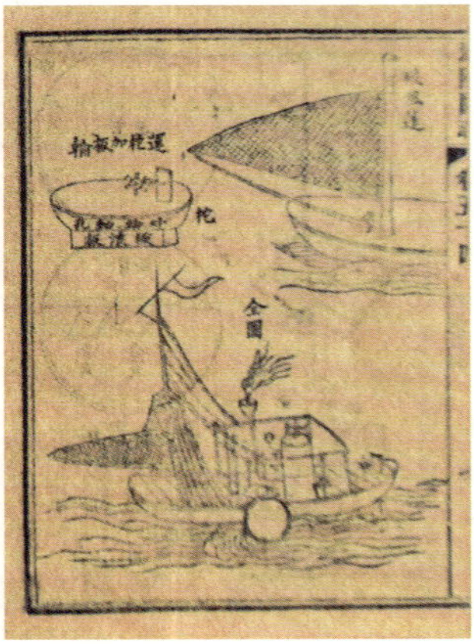

魏源《海国图志》

60 卷，1852 年又扩为 100 卷。这部著作介绍了各国情况，是中国人自己编写的划时代的巨著。它开阔了国人眼界，对开启民智具有极大的意义，并对日本的明治维新产生了深远影响。当魏源赶赴镇江与北上流放的林则徐会面时，两人对酒无言，相看通宵，依依惜别。他感叹林则徐空有屠龙之志，未能一展抱负，但仍坚持寻求良药良策，再来救国救民的精神。他的感喟，正是一切爱国知识分子的共识。

1851 年1月 11 日，在洪秀全领导下爆发了太平天国运动。太平军于 1853 年 3 月 19 日攻破南京，定为都城，改称天京。但由于没有适应时代的政治经济纲领，又脱离群众，再加上领袖内部腐败、倾轧、猜忌，太平军终而演出了自相残杀的惨剧。1864年3月天京被围，城破前夕，洪秀全于6月1日病逝。7月19日天京陷落，太平天国运动失败了。

清朝后期，国势日衰，列强侵侮，割地赔款，中国处在被列强瓜分的状态。一些觉醒的中国知识分子开始寻求救亡图强的良方、良策。当他们发现俄国、日本等国通过变法而迅速强盛之后，便以为中国也可循此路而行。于是，以康有为为首的资产阶级改良派，发动了一场变法图强的维新运动。

康有为，1858年生于广东南海。梁启超小他15岁，是广东新会人，他们都是维新派的代表人物。梁启超少年有为，才华出众，16岁时乡试中举，又拜当时有“康圣人”之称的康有为为师，一起探索救亡图存之道。1894年7月，日本挑起甲午战争。1895年4月17日，中国以战败者的身份签订了《马关条约》，这奇耻大辱让在京会试的千余名举人陷入“天旋地转”之中。特别是台湾举人，得知台湾被割让给日本，更是“垂泣请命”。“四万万人齐下泪，天涯何处是神州？”康有为遂派梁启超奔走联络。5月2日，1300多名举人集会于松筠庵（今北京宣武门外达智桥胡同），康有为慷慨陈词，力陈《马关条约》之耻，以及不变法不足以救国的道理。群情激愤，公推康有为起草上光绪皇帝书。康在一万多字的奏折中提出“下诏鼓天下之气”“练兵强天下之势”“变法成天下之治”的主张，呈送清廷，这便是近代史上著名的“公车上书”。奏折虽未送达皇帝，但这却是极其勇敢的爱国

镇压太平天国的清军

行动。这次会试，康有为中了进士，又在5月底上书光绪帝，受到光绪赞扬。康、梁决定加强变法的宣传，先组织强学会，集合起一批志同道合的仁人志士。康有为出钱办了《万国公报》，后改为《中外纪闻》，附于《京报》（官方报纸）发行。1897年，德国强占胶州湾，中国被瓜分的大祸迫在眉睫。康、梁认为时机已到，再次赴京向光绪帝第五次上书，奏折虽未上达，但却在京中官吏间传抄，津沪两地的报纸也予以披露。1898年1月24日上午，光绪帝传康有为到总理衙门议事；1月29日，康有为第六次上书皇帝。光绪帝接折后十分兴奋，放在案头不时翻阅。6月11日，光绪帝下旨“明定国是”，宣布变法，废八股改试策论，废书院，裁减冗员；兴新学，办报纸，广开言路，任用维新人士推行新政。至

9月21日，共行新政103天，史称“百日维新”。以慈禧太后为首的顽固派发动宫廷政变，幽禁光绪于瀛台，康、梁逃往日本。9月28日下午4时，谭嗣同、杨锐、林旭、杨深秀、刘光第、康广仁六人，被斩首于北京菜市口，这就是“戊戌六君子”。谭嗣同这位年仅34岁的变法斗士，拒绝流亡国外，他激昂地宣告：“各国变法无不从流血而成，今中国未闻有因变法而流血者，此国之所以不昌也。有之，请自嗣同始。”他抱着必死以醒国民的决心，慷慨就义。临刑时高呼“有心杀贼，无力回天。死得其所，快哉快哉”，表现了凛然正气。康、梁赴日后继续推行改良救国的运动，并在学术上多有建树，成一代宗师。

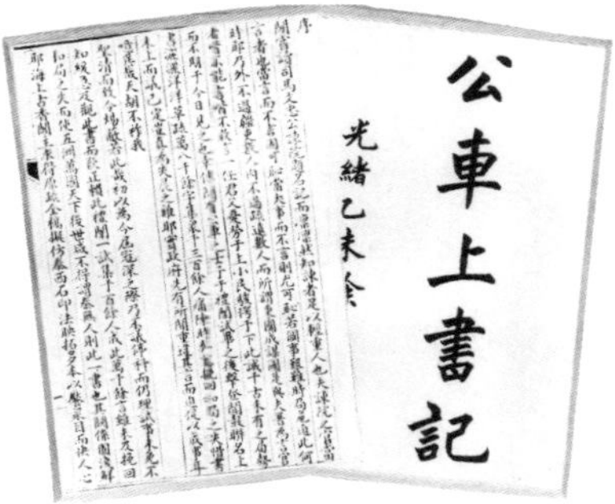

公车上书

康有为和梁启超

李鸿章在上海成立轮船招商局

特别是梁启超在文学、史学的研究上建树极多，1929 年逝世前已留下 1000 多万字的论著，并将谭嗣同的遗著《仁学》整理发表，将他“冲决罗网”的精神洒向神州。

改良主义运动失败了，但这些志士爱国爱民、敢为时代先、勇于牺牲的精神，永远被后人铭记。

1840 年鸦片战争以后，中国开始进入一个悲壮凄凉的时代。中华民族历史上从未有过的丧权辱国的奇耻大辱接二连三地发生。列强瓜分中国，亡国惨祸迫在眉睫，而清朝政府除卖国以求荣之外，更加严酷地钳制新思想，扼杀新事物，旨在巩固自己的统治。打出“自强求富”旗号的洋务运动没有使中国富强起来；连改良主义的戊戌变法也被镇压，只落了个“百日维新”。颇有抱负的光绪皇帝和维新君子们只能发出苍凉的浩叹。中国的封建王朝及其赖以生存的封建文化和法统，成了将中国推向泥沼的恶势力。除了革命，中国再无出路。

辛亥革命——中华民国时期

历史之河进入20世纪后，中国发生了巨大的变化，伟大的民主主义革命先行者——孙中山先生率先在中国大地上举起了近代民族民主革命的旗帜。1911年10月10日，武昌起义爆发，各省纷纷独立，第二年建立了中华民国。1911年是中国古代纪年的辛亥年，故称这场革命为“辛亥革命”，辛亥革命推翻了清王朝的封建统治。

孙中山（1866~1925年），名文，字德明，号日新，后又改号逸仙。他在日本进行革命活动时曾化名中山樵，因此后来又称孙中山，并以此名永留青史，名闻全球。他出生于广东香山县翠亨村，幼而聪敏好学，曾自喻为“洪秀全第二”。稍长，随母至檀香山，先后就读于美英人士主办的意奥兰尼学校和奥阿厚书院，第一次接触到西方社会政治学说和自然科学的基础知识。1883 年，孙中山入香港拔萃书室，次年又转入域多利书院，再入广州博济医院附属南华医校，后转入香港西医书院，这时结交了忧国爱民的伙伴陈少白等人。起初他是想“借医术为入世之谋”的，后终觉“医术救人，所济有限”，遂放弃医学，立志救民，走上革命道路。

1894 年冬，他在檀香山成立了中国第一个民主革命团体——兴中会。翌年 10 月，与陈少白、郑士良等人联络会党，在广州发动了第一次武装起义。事败，孙中山受政府通缉，遂东渡日本，再转纽约，又乘船赴伦敦。不意，竟在伦敦被清使馆秘密绑架，这就是“伦敦蒙难”。后经中外友好人士营救，清使馆迫于压力才释放孙中山。孙中山遂大力会集仁人志士，同清政府作坚决的斗争。1900 年义和团运动期间，孙中山发动惠州起义，事败，但却获得广大民众与知识分子的认同。1905 年 8 月 20 日，孙中山在日本联合兴中会、华兴会等革命组织成员，建立了中国同盟会，孙中山任总理，又创办同盟会的机关报——《民报》。在发刊词中，孙中山第一次提出了“民族”“民权”“民生”的“三民主义”。1911 年 10 月，武昌起义成功。次年元旦，中华民国临时政府成立，孙中山被选为中华民国临时大总统。

此后，袁世凯玩弄权术，一面以革命威胁奄奄待毙的清廷，一面诱使革命党人议和，窃取了临时大总统职务。孙中

1894 年 11 月，孙中山在檀香山创立兴中会，随后国内各地也设立分会。图为兴中会广州分会旧址“王氏书舍”

山在袁世凯杀害革命党人的事实面前，认识到推荐袁世凯取代自己这一重大失误，遂在上海发表《讨袁宣言》，发动“二次革命”。不料失败，先生再度逃亡日本，重组中华革命党，后回国发动讨袁护法运动。然而南北军阀沆瀣一气，使身为海陆军大元帅的孙中山“令不出府门”，他只好辞职前往上海。此时的孙中山陷于极大苦闷之中。列宁派人与孙中山联系，商讨远东局势与援助中国革命等问题，孙中山精神大振。1922 年 8 月 23 日，中国共产党代表李大钊于上海会见孙中山，二人“畅谈不倦”，双方一致同意两党合作。1922 年 9 月 4 日，孙中山召开国民党改组会议。1924 年 1 月 20 日，中国国民党第一次全国代表大会在广州召开，大会通过

1912 年 3 月，孙中山解除中华民国临时大总统之职，让位于袁世凯。图为孙中山解职后，原内阁成员与孙中山的合影

了《中国国民党第一次全国代表大会宣言》，宣言重新解释了“三民主义”，实际上确立了联俄、联共、扶助农工三大政策。许多共产党人如李大钊、毛泽东等都参加了会议并被选为国民党的中央执行委员或中央候补执行委员。1924 年，孙中山平定广州商团叛乱，同年 11 月 13 日，孙中山与宋庆龄乘军舰北上到京与冯玉祥掌权的北京政府“共商国是”，不料行至天津，孙中山突然病倒，但仍坚持带病入京。1925 年 3 月 12 日，这位为祖国的民主、独立、自由而奋斗一生的伟大革命家停止了呼吸，享年 60 岁。

辛亥革命的伟大意义在于，它终结了从公元前 221 年秦始皇开始延续了 2000 多年的封建法统，让封建专制帝王的统治在中国的大地上从此断绝。以后的袁世凯称帝、张勋复辟，都只是小小的闹剧，任何势力都不能再让封建帝制君临中国。这伟大的一笔写在20世纪的前期，孙中山先生成为民主共和道路的开拓者，他的功绩会永远写在祖国的大地上。孙中山并没有彻底实现他的愿望，如他所言“革命尚未成功，同志仍须努力”，然而他和他领导的辛亥革命推翻了封建帝制，他不愧是为中国打开民主大门的先驱。如今，每当国庆节时，这位伟大的民主革命先行者的画像都会矗立在北京天安门广场，他深邃的目光凝视着每个行人，期望所有中华儿女实现他振兴祖国的宏愿。

近现代中国时期

1. 五四运动

辛亥革命建立了中华民国。皇帝虽然没有了，社会状况却没有根本的改变，腐朽的封建文化依旧主宰着人们的生活。中华文明需要突破、调整的任务依旧沉重而现实地摆在人们面前。

一些先进的知识分子决心发动一场新的启蒙运动，后来称为“新文化运动”。新文化运动提出了“打倒孔家店”和“民主、科学”（德先生、赛先生）的口号，实际上是对中国传统文化中的糟粕进行无情的批判而予以摒弃，同时主张引进中华传统文化中所缺乏的新思想、新观念、新方法，而以“民主、科学”作为概括和旗帜。

这场大扫荡是卓有成效和意义深远的，许多当初被禁锢的各种西方哲学、文学、科学，如潮水般涌进中国，启迪了久在封闭状态中的广大中国知识分子，让目光从打破的窗隙中窥见外部世界广阔的天宇，让压抑得沉闷的胸膛畅快地呼吸新文化的空气。

所谓新文化，一是指资本主义各种哲学、科学、文学、艺术、美学、经济学等，一是指无产阶级的新兴科学——马克思主义和列宁主义。当时，大门既开，各种闻所未闻的思想一齐涌入国门，统统被视为“新思想”“新文化”。只有先进分子才脚踏实地，立足于中国现实，接受外部先进思想，为中国所用。新文化运动是一场空前的思想解放运动，从那时起如何建设一个现代中国的各种论争和实践一直在进行着。

第一次世界大战（1914~1918 年）后，欧洲列强控制的巴黎和会对中国命运的摆布成了导火索，引发了 1919 年 5 月 4 日北京学生的大游行，接着是全中国学生、工人和商人的响应。一直到 6 月 5 日，上海工人罢工，全国各主要城市也陆

1919年5月4日，北京学生集会于天安门前，抗议北洋政府卖国

续大罢工、大罢课、大罢市。这场烈火般的民众运动就是五四运动。

五四运动是中国近代历史上最早由学生、工人和商人掀起的反帝反封建的革命斗争。五四运动的伟大功绩在于“启导广大人民的觉悟，准备革命力量的团结”，它是中国近代史上具有划时代意义的事件。它促进了马克思主义在中国的传播并与工人运动结合，为中国共产党的成立做了准备。

2. 抗日战争

中国近现代历史上充满了悲壮和惨烈，但是最为惨烈的莫过于1931年至1945年长达十四年之久的抗日战争。这是中国自近代以来，唯一一次全民族奋起抵抗外族入侵的战争，这是极为宝贵的民族团结共御外侮的斗争，这是应当永记青史的全民族以必死的决心保卫祖国家园和文明的战争。这次战争中国人民付出了3500多万鲜活宝贵的生命和5600多亿美元的财产损失与战争消耗，许多壮丽的山河成为齑粉，无数珍贵的文化遗存毁于炮火或者被抢走遗失，中国人民永远会记得这场民族的惨剧，会永远发扬抗战到底的精神。顺便说一句，抗战胜利前夕，盟军轰炸日本，中国学者专门为盟军提供资料，在地图上标明日本京都、奈良等古都的位置，以免遭误炸，保护人类文化的遗产。这同日寇丧心病狂地摧毁中华文明遗存的态度何等泾渭分明。

1931年9月18日，非法在东北驻军的日本侵略者，向沈阳进攻，这便是九一八事变，开启了日本侵略中国的序幕。1932年中国军队进行"一·二八"淞沪抗战，鼓舞了中国人民的抗日斗志；1933年又进行了长城抗战。1935年华北事变，日军控制了华北，建立傀儡政权。1936年12月12日，张学良、杨虎城两将军发动西安事变，要求国民政府最高领导人蒋介石结束内战一致抗日。1937年7月7日，日军进攻北京城西的卢沟桥中国驻军。中国军队奋起抵抗，从此开始了中国军民的全面抗战，共产党在全民族抗战中发挥了中流砥柱作用，维护了团结抗战大局。国民党军队先后组织了淞沪、太原、徐州、武汉、南昌、长沙、中条山等大型会战22次，并派遣远征军赴缅甸作战，支援同盟国英军战斗。共产党领导的八路军也取得了平型关战役、百团大战的胜利。八路军、新四军、琼崖工农红军、东北抗日义勇军和广大民兵，又在敌后开展游击战争，牵制、阻击和消耗了大量日军，共产党开辟的敌后战场逐渐成为主战场。经过十四年艰苦卓绝的奋斗，中国人民终于迎来了抗日战争的胜利。

1945 年 8 月 15 日，日本宣布无条件投降。9 月 3 日是中国人民抗日战争胜利纪念日，这一天将永远镌刻在中华民族史上。

中华人民共和国成立

1949 年 10 月 1 日，在北京天安门广场，经过艰苦奋斗的中国人民宣告建立了新的共和国——中华人民共和国。在《义勇军进行曲》雄壮的乐声中，五星红旗升起来了，中国的历史掀开了新的一页。

《义勇军进行曲》是中华人民共和国的国歌。由田汉作词，聂耳作曲，原是电影《风云儿女》的主题歌。这歌一经播出，不胫而走，传遍中国大地，也被世界所有反法西斯同盟国传

在天安门参加开国大典的北京军民

唱。它极恰切地反映了中国人民团结御侮、不可战胜的精神，而它居安思危的观念也为今天和未来敲响警钟，这是一首永远的进行曲。

叁

中国历史的几个特点

在漫长的岁月中，中华民族一步步走来。回顾中国历史，有几个明显的特点，值得牢牢记住。

第一，中华文明是世界上唯一一个未曾断裂，不断转进、发展的延续性文明。它是古老的，又是现代的，而且在未来也有坚韧生命力的文明。

人类的古老文明是现代文明的先驱，但是巴比伦、埃及、印度的古文明都曾经被战火打断，为异族的侵略所湮灭。它们古老文明的遗存，如金字塔、空中花园等都在月光下幽怨地倾诉它们灿烂的过去。这些文明的断裂是人类的悲剧，也是难以避免的不幸。中华文明之所以在外来强势文明的撞击下依旧能够薪火相传，发扬光大，原因很多。

一是由于它本身的强大和无比的韧性，它本来就是在内外文化的冲击中发展壮大的，并且在冲击中汲取各种文化的精华充实自己，因此积累了同外部文明交往的能力与经验，总能使自己在浩劫面前挺立不倒。

另一个是它本身具有维系自己避免外来文化销蚀的机制和因素。方块汉字是最坚固的文化长城，保持着自己民族的统一和价值观念取向的同一性。这是任何拼音文字都没有的长处。

明朝纪律森严的科举考场

再有就是从隋代开始至晚清才结束的维持1300多年的科举取士制度。这打破了血缘世袭关系和政治垄断，将中华民族的主流意识、哲学、道德观作为必修课，代代相传。所有应举的知识分子都成为维护中华文化的人物。1300年来选出700多名状元、近11万名进士，数百万举人，一大批安邦治国的人杰，都出自科举制度。状元中有难以尽数的思想家、文学家、艺术家、学者、教育家、科学家，科举制度成了维护中华文化的体制上的篱笆，其重要作用不可低估。自然它也有僵化和扼杀人才的缺点，但从历史来看，它维护中华文明的功劳是不可抹杀的。

第二，中华文明的历史，是内部不断融合的历史，中华民族各成员都对中华文明作出过杰出的贡献。

过去，人们常常以汉族文化作为中华文明的唯一起源，这显然是不够全面的。黄河文化之外，还有长江文化、北方文化、南方文化（百越文化）和西南地区的文化等。共同的人文初祖，不只有炎帝与黄帝，还有蚩尤。

历史上，有几个中华民族内部融合调整的重要时期。这种彼此的融合、渗透是一个无尽无休的过程，即使在元、清等少数民族统治全国的朝代，这种融合也未曾停止。所谓“胡汉相融”正是这种彼此渗透的概括。正是中华文明这种开放、兼容的个性，保证了它的不断更新与发展。它对外来文化也采取同样的态度。佛教始于印度，最终中心却移向中国，佛学思想已经成为中华传统文化的三大支柱之一。“厚德载物”的思想原则，兼收并蓄、取人之长而为自身所有的特性，正是中华文明绵延数千年而从未被湮没、断裂的缘故。

第三，在中国历史上，多民族统一的国家政权是主流。

“分久必合，合久必分”似乎是中国历史纷杂表象的概括。即便如此，自秦汉以来，合也是主流，分为支流。多民族的统一国家是中国国家政权的基本、稳定的模式。秦始皇统一中国后，中国合时长、分时短，不是大一统的局面不足千年，即使在“分”的时期也未中断过融合。中华民族大多数时间里都生

唐　莫高窟壁画　张议潮统军出行图
描绘唐朝将领张议潮接受朝廷敕封为河西节度使后统军出行的浩大场面

活在统一的国家之中。

第四，中国历史中虽有征战、动乱、野蛮与残暴，但中华文明与世界文明交流时，一般没有采取过战争、压迫、强暴的手段，中华文明的传播是用和平的方式进行的。中国也从未发生过宗教战争，这也是中国历史独有的特点。

第五，中华民族之所以有坚韧的凝聚力，在于有全民族所认同的文化传统，稳定的价值观、道德观是中华民族精神的长城，这是中华民族在长期的实践中逐步积累、完善的。稳定的价值观念、道德观念是中华民族从来不曾被征服、被同化的原因之一。无论何种社会制度，都不能改变中华民族的品德。

总之，站在历史的高峰纵览数千年风云变幻，中华民族悠久的文明和历史是灿烂的。

第四章 不断前进的人民共和国

人民大会堂

新中国的诞生是中国历史上的重大事件，标志着中国人民终于将命运握在自己手中，可以按照自己的意愿，在自己选择的道路上前进，建设一个理想的现代社会，为人类作出自己应有的贡献。

新中国数十年来所取得的成就，确乎是空前的。年轻的共和国正不断总结自己的经验教训，在中国特色社会主义道路上大步前进。

壹

新中国的和平发展

新中国的建立，是中国近现代史上极为重要的事件。它标志着自1840年鸦片战争以来，受尽欺凌、屈辱而陷入贫穷落后的古老的中国，挣脱了枷锁，掌握了自己的命运，在走向光荣复兴的道路上，开始书写新的历史篇章。

新中国建立后，占世界人口总数四分之一的人民的命运走向，也必将对人类的历史进程产生重大的影响。世界上所有的历史学家、哲学家、思想家、政治家和一切智者都在眺望和判断新中国的每一步足迹。

自1949年到2011年，62年间，中国也的确焕发了勃勃生机，全世界都听见了她前进的脚步声，赞叹她历经艰苦卓绝而取得的巨大成就。

新中国建立之初，国内经济因国内外连年战争和外部的封锁而濒于崩溃。

但站起来的中国人民，抱定振兴中华、为人类作出应有贡献的决心，战胜种种天灾人祸，越过一个个坎坷，克服了无数艰难险阻，用不长的时间，创造了中国建设史上许多个“第一”。

1956~1962年建成的有：中国第一座现代化电子管厂；第

一个现代化商港；第一座现代化电话交换机制造厂；第一个石油工业基地——玉门油田；第一艘万吨远洋轮；第一座自行设计、自行制造设备的大型化工厂。

其他还有：鹰厦铁路第一期工程完工；世界上海拔最高的公路——青藏公路通车；武汉长江大桥飞架南北；宝成铁路正式通车；刘家峡巨型水利枢纽工程竣工；拉萨纳金水电站建成，电力瞬间输往雪域高原……

这数不清的空前成就是在各种自然与人为的困难境况中取得的，这是新中国的建立极大地激发起人民建设热情的明证。

1959~1961 年，在罕见的三年困难时期，中国人民拼命拿下了大庆油田，探明

2021 年 5 月，我国首次火星探测任务“天问一号”探测器成功着陆，“祝融号”火星车驶上火星表面，开展巡视探测

其储量，后来又建成了具有年产几百万吨生产能力的大型炼油厂第一期工程，大庆油田成为世界上特大油田之一；

1959 年 9 月，中国第一台每秒运算 1 万次的电子计算机试制成功；

1965 年 7 月，中国第一台 24 阶中型电子模拟计算机制造成功；

1973 年 8 月，中国第一台每秒运算 100 万次的集成电路电子计算机试制成功；

1964 年 10 月，中国第一颗原子弹试爆成功；

1967 年 6 月，中国第一颗氢弹在中国西部上空大气层试爆成功。

1949~1967 年，中国人民用了 18 年的时间，在艰难竭蹶中依靠自己的力量，把一个一百多年来受尽外国侵略者任意欺凌的贫弱大国，送入“核大国”的殿堂，在和平利用核能的事业中也取得令人瞩目的成就。没有新中国，这是决然不可能做到的。

1978 年底，中国进入改革开放的新时期。从那时到 2011 年 5 月，在不到 33 年的时间里，中国以空前的速度和平发展，创造了人间奇迹。

1978~1997 年，中国的经济以年平均递增 14.9% 的高速发展。1997 年，中国的经济总量高居世界第七位；1998 年，在波及整个世界的亚洲金融危机的浪涛中，中国经济依旧保持住7.8%的年增长率；2000年，中国的经济总量超越了意大利，居世界第六位；2010年底，中国的经济总量超越了日本，成为世界第二大经济体。

截至2014年底，中国的粗钢产量为82269.8万吨，居世界第一；粮、棉等主要农产品产量居世界第一；原煤年产38.7亿吨，居世界第一位；原油年产量2.11亿吨；高速铁路投入运营里程1.6万公里，居世界第一位。

2006年7月1日，一列新式列车，从青海格尔木出发，沿着世界第一高原——青藏高原，在永久冻土层上轻盈地驶过，驰向西藏的首府拉萨。这是一条幸福的天路，宛如从天而降的哈达，赐给中国人民吉祥、进步与和谐。

2014年底，中国高速公路通车总里程已超过11.1万公里，居世界第一位。这一方面因为中国国土辽阔，另一方面也说明中国的飞速发展。

中国的对外贸易总量，1978年为世界总贸易量的第32位，2014年已跃升至第一位。

1988年葛洲坝水电站全面运转，发电量超过了新中国成立之初全国发电量总和的4倍多。而今三峡工程业已完工，水电站把强大的电流输往四方。雄伟的大坝不仅可以调节长江水流量，排洪抗旱，以利灌溉，又能让巨轮顺畅往来。而且高坝入云，游轮激浪，与两岸连绵的山川田畴和城市相映成趣，更增添长江的诗意与美景。

穿山越岭的中国高速公路

2003年中国自己制造的载人航天飞船神舟五号穿云破雾，飞上浩渺太空。第一位进入太空的航天英雄杨利伟在太空遨游21小时23分后凯旋，自主出舱，令世人惊叹。两年后，2005年10月12日，两名英雄宇航员费俊龙、聂海胜又乘神舟六号飞入太空，在茫茫星际间遨游5天后，顺利返回地面。

接着，中国的“嫦娥探月工程”第一步顺利实施。2007年10月24日，嫦娥一号探月卫星发射升空，在轨运行494天，比预期一年的工作寿命延长了4个多月，取得了极其珍贵的原始科学探测数据，向全世界公布了其拍摄的全球第一张“全月球影像图”。

2009年3月1日，在地面控制下，嫦娥一号开始进行轨道调整，速度减为每秒1627公里，在距离月面59公里的高度打开8个CCD立体相机开始拍照，拍下她英勇撞击月球的影像。“嫦娥”无声息地、准确地根据地面的指令调整姿态，减慢速度。2009年3月1日16时13分10秒，嫦娥一号准确地撞击在预定的撞击点上，腾起巨大的烟尘，准确地传回人类月球探测器这第一次撞击月面的影像图。

2010年10月1日18时59分57秒，嫦娥二号在西昌卫星发射中心发射升空，并获得了圆满成功。她完成了比她的姊妹卫星——嫦娥一号更多更精细的任务。中国载人登月计划正在加紧进行，不久就将看到载人飞船呼啸升空，宇航员将在月球上进行各种科学活动。人类对月球的认知将更加深刻而准确。

中国政府的施政方针在于以人为本，在发展经济的过程中，着重解决民生问题，提高全体人民的生活水平，务必使全体人民都能充分享受经济发展的福利，生活在公平、公正和人人有尊严的和谐社会中。2006 年元旦，中国政府免去了征收 2600 多年的农业税，这对于一个曾以农立国的大国来说，是一个伟大的进步。同年，中国政府为近 4000 万贫困学生免费提供教科书，为 800 万寄宿生提供生活补助，这一年在校大学生达到 2500 万人。2007 年全部免除全国农村义务教育阶段的学杂费。教育部直属师范大学自 2007 年起实行师范生免费教育。

在外部紧压人民币升值的困境中，中国政府一面履行对世界的国际责任，一面从本国的实际情况出发，始终保持了平稳妥当的货币政策，为保持世界金融秩序的稳定，打破恶意逼迫中国金融紊乱、陷入经济危机的企图，起到了良好的作用。

2008 年，四川汶川发生特大地震，中国人民团结一心，共度时艰，表现了极大的爱国热情。2008 年 8 月 8 日 20 时，第 29 届世界夏季奥林匹克运动会在北京胜利召开。奥运史上空前壮丽的开幕式演出，是一场世界人民实现美好愿望的狂欢，璀璨的焰火表演，精彩绝伦，预示着中国人民和世界人民将要一道踏上人类美丽的征途，任何势力都不能阻挡前进的脚步。这届奥运会，中国以 51 枚金牌的优异成绩获得了金牌总数第一名。

中国正在以平稳和较高的速度发展，成绩和问题同在。

2021 年 5 月 11 日，国家统计局发布权威结果，截至 2020 年底，中国大陆总人口为 141178 万人，是世界人口最多的国家。再庞大的经济成果除以这庞大的人口数都会让每个人的经济收获平均值显得微小。中国仍旧是一个发展中国家，解决 14 亿人口的生存和共同富裕问题，是任何体制的社会都会面临的难题。更不用说，性别差距、渐次老龄化、义务教育、医疗保障、公共交通、社会保障、社区建设、住房建设、幼儿福利、就业机会等一系列因人口众多带来的问题，都将考验政府的执政能力。这是中国政府面临的独特的困难。其他现代社会所面临的诸如贫富差距、社会稳定、福利政策、公民素质教育、抵抗自然灾害及灾后重建能力等普遍性问题，中国也因人口众多和人口老龄化问题而比别人增加处置难度。然而在一切看来几乎无法避免的困境中，中国竟然保持了持久的热情和成功，于是，探讨中国经验和经济发展道路成为当前世界性的显学，更有理论家提出中国的发展模式，可能是 21 世纪人类发展的新模式。

中国是一个有着优秀古老文明传统的国家，又经历了血和火的炼狱，在灾难中重生，她深知，共同发展的世界是人类的终极理想。在建设一个人类不同文明互补、互融、互相学习、取长补短、共同前进的道路上，中国愿意捧出自己的经验与其他国家共享，也愿意向所有民族，虚心请教，学其优长。她把自己取得的成绩看成人类共有的进步，愿意尽自己的能力奉献于世界，早日实现大同。

贰

争取祖国和平统一的成就

香港回归祖国

香港（Hong Kong，缩写 HK），位于中国南部、南海之滨，地处珠江口以东，北接广东深圳，南望广东省珠海市万山群岛，西与澳门隔海相望。香港由香港岛、九龙和新界（包括 262 个离岛）组成，人口约 741 万，陆地总面积约 1106 平方公里，是全球人口最密集的地区之一。九龙是位于北边港口的半岛；香港岛的面积 78.12 平方公里，是香港主要的金融商业区，但只占全香港陆地面积的 7%；新界（含离岛）的面积约 978 平方公里，相当于香港陆地面积的 88%，最大的离岛——大屿山几乎是香港岛的两倍之大。

香港的历史，最早可以追溯到 5000 年前的新石器时代。秦始皇统一中国后，在南方建立了南海、桂林、象郡三个郡，香港隶属南海郡番禺县，由此开始，香港便置于中央政权的管辖之下。汉朝时香港隶属南海郡博罗县。东晋咸和六年（331 年）香港隶属东官郡宝安县。隋朝时香港隶属南海郡宝安县。唐朝至德二年（757 年），改宝安县为东莞县，香港仍然隶属东莞县。宋元时期，内地人口大量南迁香港，促使香港的经济、文化得到很大发展。明朝万历元年（1573 年），香港隶属新安县。1840 年第一次鸦片战争后，英国强迫清政府于 1842

飞速发展的香港

年签订《南京条约》，割让香港岛。1856 年英法联军发动第二次鸦片战争，迫使清政府于 1860 年签订《北京条约》，割让九龙半岛界限街以南地区。1894 年中日甲午战争之后，英国逼迫清政府于 1898 年签订《展拓香港界址专条》，强租新界，租期为 99 年，至 1997 年 6 月 30 日结束。新界的租借，让当时香港的面积扩大了十倍之多。第二次世界大战期间，英国在香港战役中战败后，香港又被日本侵占三年零八个月。1945 年日本无条件投降后，撤离香港。香港经济于第二次世界大战后迅速发展。香港人口急速增长，并且拥有资金和技术，香港遂逐步发展成为在亚太地区具有重要地位、以服务业为主的现代化城市；香港经济于20世纪60至80年代起飞，被誉为“亚洲四小龙”之一。

香港是重要的国际金融、服务及航运中心，并且以社会廉洁、法律制度完备而闻名于世界。香港在国际金融中心指数排名中一直名列前茅，截至2014年，已经连续18年获得全球最自由经济体系的评级，经济自由度指数排名第一。香港同时为安全、富裕、繁荣、生活水平高的国际大都会，人均寿命最长，有“东方之珠”“美食天堂”“购物天堂”等美誉，亦曾被誉为世界上最适宜居住的城市之一；“亚洲国际都会”则为官方的香港品牌，香港大学的排名居世界前列，也是亚洲的佼佼者。

按照中国国家领导人邓小平提出的“一国两制”构想，中央政府开始与英国政府就解决香港问题展开谈判。自1982年9月始，中英两国政府就香港问题举行了22轮正式谈判，最终在1984年签署《中华人民共和国政府和大不列颠及北爱尔兰联合王国政府关于香港问题的联合声明》，决定于1997年7月1日中华人民共和国对香港恢复行使主权。全国人民代表大会在1985年4月决定成立香港特别行政区基本法起草委员会，负责基本法的起草工作成员共59人，其中香港各方面人士23人。基本法咨询委员会于1985年12月成立，委员共180人，广泛收集各界人士对基本法起草的各种意见和建议。经过近5

年的辛勤工作，基本法起草委员会完成了起草任务。1990 年 4 月 4 日，第七届全国人民代表大会三次会议通过《中华人民共和国香港特别行政区基本法》，自 1997 年 7 月 1 日起实施。在恢复对香港行使主权时，国家根据《中华人民共和国宪法》第 31 条的规定，设立香港特别行政区，并按照“一国两制”的方针，香港将保持资本主义制度和原有的生活方式，并享受外交及国防以外所有事务的高度自治权，也就是“港人治港”、高度自治。

1997 年 6 月 30 日午夜至 7 月 1 日凌晨，中英两国政府在香港会议展览中心新翼举行香港政权交接仪式。

1997 年 7 月 1 日，中华人民共和国香港特别行政区正式成立。

香港特别行政区的成立，树立了一个榜样：新中国绝不允许旧时代丧权辱国的不平等条约存在，但又根据实际情况，和平、平等地解决问题。“一国两制”的设想，是一种天才的、自信的设想，为实现祖国和平统一、民族复兴提供了一个现实的模式。

澳门回归祖国

澳门是中国的固有领土，原是明代广东省香山县（今中山市）的辖区，本名濠镜澳，因海边有两山（南台山和北台山）形似对门而得名澳门。1553 年葡萄牙商人通过贿赂广东地方官吏得以在澳门码头停靠船舶进行贸易。鸦片战争后，葡萄牙殖民者侵占澳门半岛，宣布澳门为自由港。1887 年葡萄牙政府强迫清政府签订《中葡会议草约》和《中葡和好通商条约》，取得永驻管理澳门的权利。1979 年中葡两国建交，葡方承认澳门是中国领土。1987 年中葡两国政府通过谈判签署《中华人民共和国政府和葡萄牙共和国政府关于澳门问题的联合声明》，1999 年 12 月 20 日中国政府恢复对澳门行使主权，设立澳门特别行政区。

1999 年 12 月 20 日凌晨零时整，五星红旗由澳门特别行政区区旗陪伴，在中葡两国政府举行澳门政权交接仪式的场馆内升起。此前，葡萄牙国旗和澳门市政厅旗在这里降落。这是中国大地上香槟、泪水和礼花交织的时刻。时任国家主席江泽民在交接仪式上宣布：中国政府对澳门恢复行使主权。澳门的发展进入了一个崭新的时代。他强调：“‘一国两制’在香港、澳门的实践，已经并将继续为最终解决台湾问题发挥重要的示

澳门塔附近的城市景观

范作用。中国政府和人民有信心有能力早日解决台湾问题，实现中国的完全统一。”

举行交接仪式的澳门文化中心花园馆紧靠南海海岸。欧洲人的三桅船曾经往来航行的水域被馆内透出的灯光映红，波光遥相辉映着澳门的标志性建筑——巨龙般的友谊大桥。交接仪式场馆内绿色的地毯和座椅一派柔和。静穆的礼兵、盛装的军乐团、屹立的旗杆被密集的摄像机和照相机聚焦。临近 19 日午夜，中葡政府主要代表走上主席台，黄、白肤色的人们并排坐到了一起。全场起立鼓掌。葡萄牙总统桑帕约首先讲话。他说：“两国就澳门地位协议的最终达成，充分体现了双方在此问题上的实事求是态度及以和平方式解决问题的智慧。”澳门特别行政区首任行政长官何厚铧与香港特别行政区首任行政长官董建华共同见证了这个历史时刻。董建华领导特区政府在香港回归后的两年多时间里保持了香港的稳定和繁荣。中葡双方顺应历史潮流，经过共同努力，实现了澳门的平稳过渡和顺利交接。澳门回归后，中国政府将坚定不移地贯彻执行“一国两制”、“澳人治澳”、高度自治的方针。澳门回归，标志着近代西方列强侵占中国领土的历史完全终结，祖国和平统一进程取得了重大进展。

关于台湾问题

远古时代，台湾与大陆相连，后来因地壳运动，相连接的部分沉入大海形成海峡，出现台湾岛。台湾早期住民中大部分是从中国大陆直接或间接移居而来的。20 世纪 70 年代多次在台南县左镇乡发现了迄今为止台湾最早的人类化石，被命名为“左镇人”。考古学家认为，“左镇人”是在 3 万年前从大陆到台湾的。台湾有文字记载的历史可以追溯到公元 230 年。当时三国的吴王孙权派 1 万官兵到达“夷洲”，即台湾。吴人沈莹的《临海水土志》留下了世界上对台湾最早的记述。隋朝时期称台湾为“流求”，隋王朝曾三次出师台湾。据史载，隋大业六年（610 年），汉族人民始移居澎湖地区。宋元时期，汉族人民在澎湖地区已有相当数量。12 世纪中叶，宋朝将澎湖划归福建泉州晋江县管辖，派兵戍守。元朝也曾派兵前往台湾。元、明两朝政府在澎湖设巡检司，负责巡逻、查缉罪犯并兼办盐课。明朝后期开拓的规模越来越大。在战乱和灾荒的年代，明朝福建官府和郑芝龙集团曾经有组织地移民台湾。

17 世纪初，荷兰殖民者乘明末农民起义和东北后金势力日益强大，明政府处境艰难之时，侵入台湾南部。不久，西班牙人侵占了台湾北部和东部的一些地区，后于 1642 年被荷兰人赶走，台湾就此被荷兰侵占。

1644 年清军入关，定都北京，逐步统一全国。1661 年 4 月，郑成功率 2.5 万将士及数百艘战舰，由金门进军台湾。郑成功在进军台湾时，向荷兰殖民者表示：台湾一向属于中国，台湾和澎湖这两个岛屿的居民都是中国人，他们自古以来占有和耕种这一土地，荷兰自应把它归还原主。经过激烈战斗和围困，1662 年 2 月郑成功迫使荷兰长官揆一签字投降。郑成功从荷兰殖民者手中收复了中国领土台湾，成为一位伟大的民族英雄，受到广大人民的敬仰。

1884~1885 年中法战争期间，法军进攻台湾，遭刘铭传率军重创，法军被迫撤出台湾。中法战争以后，清政府为了加强海防，于 1885 年将台湾划为单一行省，台湾成为中国当时第 20 个行省。

在甲午战争中战败的清政府，于 1895 年 4 月 17 日在日本赤间关马关港签订《马关条约》，将台湾及澎湖列岛割让给日本。消息传出，举国哗然，人人“痛心疾首”，万分愤慨。康有为、梁启超等集十八省举人千余人“公车上书”，反对割地求和，主张变法图强。谭嗣同怒斥清廷“一旦苟以自救”，举疆土而赠之于人，“其视华人之身家，曾弄具之不若”。台湾绅民电奏清廷：“割地议和，全台震骇……臣桑梓之地，义与存亡；愿与抚署誓死守御。设战而不胜，请俟臣等死后，再言割地……”《马关条约》签订次日，全省同胞哭声震天，悲愤无可抑制的台北人民鸣锣罢市，民众拥围抚署，反对割台，并要求饷银不准运出，军械制造局不准停工，税收全部留作抗击日寇之用。

清政府敕令其驻台巡抚唐景崧等官员离台。台湾同胞纷纷拿起武器，自行组织抗日民军，保卫祖国疆土。他们持续进行了前后长达二十年之久的武装斗争。初时，台湾同胞在各地配合，一度拒不奉诏的黑旗军首领刘永福等清军官兵在新竹、大

脩叨助順持盈惟勵慎君難

福康安奏報抵廈門登岸並巴圖魯侍衛等皆平安渡海詩以

清 | 杨大章等　平定台湾得胜图（局部）

甲溪、彰化、嘉义和台南一带与日寇拼死搏斗。他们手拿土枪和长矛，凭血肉之躯，前仆后继，猛扑敌寇。其中尤以彰化和嘉义保卫战最为激烈、悲壮，抗日民军首领徐骧、黑旗军将领等壮烈牺牲。一个日本兵当时记载道：

不论何时，只要我军一被打败，附近村民便立刻变成我们的敌人。每个人，甚至年轻妇女都拿起武器来，一面呼喊着，一面投入战斗。我们的对手非常顽强，丝毫不怕死。他们隐藏在村舍里，当一所房子被炮火摧毁，他们就镇静地转移到另一所房子里去，等一有机会就发动进攻。

台南抗敌的最后阶段极为艰苦。清政府一再严令禁绝大陆各地支援台湾，黑旗军和民众军械粮饷俱绝，队伍饿极不能起。在此情况下，刘永福坚持抗日5个月后，被迫登轮退返大陆。台南遂于1895年10月21日沦陷。至台南失守时，台湾军民总共毙伤日军3.2万余人，占日军侵占初期兵力的一半以上。台南失陷后，台湾各地人民继续坚持武装抗日。他们在台北的深坑，云林铁国山，嘉义、台南之间的番仔山，凤山附近及屏东潮州等山区先后建立抗日据点。抗日军民少则数百人，多则数千人。他们进攻日寇军营，袭击日寇官署，抗击敌人一次又一次的疯狂扫荡，涌现出许多可歌可泣的英雄人物。简大狮是台北农民抗日武装的领袖之一。1896年元旦，他率领队伍同其他民众武装一道直袭台北，攻入市区。其后，辗转至厦门。日寇杀其妻以泄愤，并向清政府将他本人索去。简就义前慷慨陈词：

我简大狮，系清国台湾之民。……日人虽目我为土匪，而清人应目我为义民。况自台湾归日，大小官员内渡一空，无一人敢出首创义；唯我一介小民，犹能聚众万余，血战百次。自谓无负于清。……愿生为大清之民，死为大清之鬼。

在日本侵略者的残酷镇压之下，台湾人民的武装抗日斗争经历了一个短暂的低潮时期。

1906 年以后，在祖国大陆兴起的资产阶级民主革命运动的影响下，台湾同胞又不断地举行爱国武装起义，反对日本的殖民统治，著名的有：1907 年新竹的北埔起义；1912 年南投的林圮埔起义；1913 年的苗栗起义；1915 年台南的西来庵起义；等等。其中苗栗起义是辛亥革命直接影响下较大的一次爱国抗日斗争。领导人罗福星是孙中山先生领导的同盟会派赴台湾的人员之一。罗以其家乡苗栗为据点，建立中国革命党台湾支部，在台北、基隆、桃园、台南等地发展组织，宣传革命，筹划起义。事败后近千人被捕，20 余人惨遭杀害。罗福星就义前的绝命诗说：

海外烟氛突一岛，吾民今日赋同仇。牺牲血肉寻常事，莫怕生平爱自由。……背乡离井赴瀛山，扫穴犁庭指顾间。世界腥膻应涤尽，男儿不识大刀还。弹丸如雨炮如雷，喇叭声声战鼓催。大好头颅谁取去，何须马革裹尸回。

西来庵起义是爱国志士余清芳、江定、罗俊等人组织的。他们以台南西来庵等处为据点，训练骨干，筹划起义，号召全省同胞“奋勇争先，尽忠报国，恢复台湾”。参加者遍及台北、台中、南投、嘉义、屏东等地。因事机为日警获悉，余、江等率千余人临时举事，与日军血战，死伤惨重。起义失败后余清芳等 1900 多人被捕，有 300 多人死于狱中。

第一次世界大战后，在俄国十月革命和祖国大陆的民族民主革命运动的巨大潮流影响下，台湾同胞进一步掀起了有组织的民族解放运动的高潮，并和祖国的革命斗争密切相联系，成为中国民族解放运动的重要一环。1920 年 1 月，受五四运动的直接影响，留日的台湾青年学生在东京创立“新民会”，并仿照北京的《新青年》发刊《台湾青年》杂志，进行民族主义思想的启蒙宣传。随后，留日和旅居北京、上海、广东、厦门、南京等地的台湾学生相继成立“台湾青年会”“台湾学生联合会”等组织。1921 年 10 月蒋渭水、林献堂等人于台北成立旨在“唤起汉民族自觉、反对日本民族压迫”的资产阶级民族主义启蒙团体“台湾文化协会”，提出“反对民族差别”“反对奴化教育”“获得参政权”等口号。广东中山大学等校的台湾学生在郭沫若等人影响下，建立“广东台湾革命青年团”。在该团发表的《告中国同胞书》中呼呼：“勿忘台湾”，“台湾乃中国之台湾，民族乃中国之民族，土地乃中国之土地”。

与此同时，台湾各地农会和各种工会组织如雨后春笋，纷纷建立起来。1928 年 4 月，在中国共产党的帮助下，上海成立了台湾的党组织。台湾新兴的民族资产阶级的政治代表——民众党亦登上政治舞台。各派政治力量急速组合。台湾历史上首次出现了农民运动和工人运动蓬勃发展的局面。同年底，“台湾农民联合会”领导下的会员达 3 万多人。各种工潮此起彼伏，工人的阶级意识迅速提高。他们把自身的经济利益同民族的、阶级的利益结合起来，提出了“支持中国工农革命”“反对帝国主义战争”“打倒日本帝国主义”等鲜明的战斗口号。

在台湾民族解放运动高涨的形势鼓舞下，台中高山族同胞因不堪日寇的奴役和压迫，于 1930 年 10 月 27 日举行武装暴动。他们在捣毁十几处日寇警察分所之后，退入深山，同 6000 多名日本军警激战 20 余天。许多高山族妇女，为激励丈夫杀敌而无后顾之忧，集体跳下悬崖。最后高山族同胞弹尽粮绝，起义领袖等自戕以殉。这就是震惊中外的雾社起义。高涨的民族民主运动猛烈地冲击着日本在台湾的殖民统治。1931 年夏，日本殖民统治者对台湾同胞开始全面大镇压，实行白色恐怖。无数台湾同胞、爱国进步人士被囚入铁牢，惨遭

签订《马关条约》

迫害。但是，台湾人民并没有被法西斯暴行所征服，他们继续进行各种形式的斗争，直到取得抗日战争的最后胜利。

根据历史事实，第二次世界大战期间的国际协定重新肯定了台湾是中国领土不可分割的一部分。1943 年 12 月 1 日，中、美、英三国共同签署的《开罗宣言》中规定："日本所窃取于中国之领土，例如满洲、台湾、澎湖群岛等，归还中华民国。"1945 年 7 月 26 日，中、美、英三国，后又有苏联参加签署的《波茨坦公告》中重申"开罗宣言之条件必将实施"。1945 年 8 月 14 日，日本宣布接受《波茨坦公告》中的条款，无条件投降。中国人民经过十四年的艰苦抗战，付出了巨大的牺牲，终于同全世界人民一道，打败了日本侵略者，使台湾重新回归祖国的怀抱，结束了台湾同胞蒙受日本帝国主义奴役的屈辱历史。同年 10 月 25 日，中国政府在台北举行台湾省日军受降仪式。会后台湾省行政长官代表中国政府正式宣告：自即日起，台湾及澎湖列岛所属的一切土地、人民、政事皆置于中国主权之下。台湾全省同胞欣喜若狂，家家户户张灯结彩，祭告祖先，通宵欢饮。台北市各界民众数万人举行环市大游行，欢呼回到祖国的怀抱，庆祝中国人民抗日战争的伟大胜利。

抗日战争胜利后，全国人民渴望和平，实现民主，建设独立、自主和富强的新中国，但是坚持专制独裁的国民党政府发动了全国规模的内战，大举进攻中国共产党领导的广大解放区，对国民党统治区人民疯狂搜刮、大肆迫害，这就不能不激怒了全国人民，迫使人民起来反抗它的暴政。1947 年 2 月 28 日，台湾全省人民举行了反对国民党政权的武装起义。二二八起义得到了全国各阶层人民的深切同情。二二八起义在国民党政府的镇压下虽然失败了，但它又一次表现了台湾同胞不屈不挠的斗争精神。

1949 年 10 月 1 日，新中国宣告诞生。中国历史从此进入一个新纪元。

由于内战形成的现状，中国尚未完全统一，但海峡两岸同胞同属一个中华民族，共享同一脉悠久丰厚的中华文明，共有一个延续中华文明的历史责任和民族繁荣振兴的梦想，一湾浅浅的海水决然阻挡不住祖国的统一。几十年来两岸逐步加深和密切了彼此的交往。1992 年两岸达成共识：海峡两岸都坚持一个中国的原则，努力谋求国家的统一。这就是通常所说的“九二共识”，为两岸协商奠定了明确的政治基础。中央政府对台的基本方针是“和平统一、一国两制”。祖国大陆的迅速发展，也为台湾同胞提供了更多的发展机遇。两岸和平统一的愿景必将实现。

叁

中国的和平发展模式

中国的和平发展是历史逻辑的必然，也是当前现实所决定的唯一正确的道路，更是中华传统优秀文明的继续和发展。中国历史上从来没有以武力去征服侵略外民族，中华文明的传播方式是和平的交流方式。在近代史上，中国遭受外强侵略，几乎陷入被分裂被奴役的境地，长期处于贫穷、弱小的状况。掌握了自己命运的中国人民，绝对不愿将自己的成就建筑在别人的痛苦之上。中国除了向人类贡献自己的才智外，没有也不会有任何别的企图。中国人民审时度势，清醒地看到，战争和冷战局面对人类的发展是多么不幸，人类应当摆脱冷战思维，在新世纪里携手前进。

所以，中国政府主动提出与许多国家建立战略伙伴关系，加强合作，维护联合国宪章的宗旨和原则，建立一个共同繁荣的地球家园。

这也是目前形势的需要，中国自己有许多问题要解决。要实现中国人民繁荣富强的理想，完成民族复兴的大业，中国必须废寝忘食日夜苦干，因此极为需要一个和平的环境。所以，中国的发展，只能是和平的，利己又利他的，不能容许对地球家园的任何损坏。

当前，中国正处于一个关键时期。一些国家和地区的发展历程表明，在人均国内生产总值突破 10000 美元之后，经济社会就进入一个关键时期。在这个阶段，既有因为举措得当从而经济快速发展和社会平稳进步的成功经验，也有因为应对失误从而导致经济徘徊不前和社会长期动荡的失败教训。中国当前面临的矛盾是错综复杂的，因此，就必须坚持中国特色社会主义道路，建设一个富强民主文明和谐美丽的社会主义现代化强国。

中国要建立一个理想的和谐稳定社会，就必须秉持前贤的教诲，汲取自身的经验教训，充分调动全民族的积极性，共建共享。安定祥和，不仅是这个社会的远景，也应当是建设和谐稳定社会必需的环境，任何破坏安定、团结局面的因素都应当受到全民族的反对。中国获得今天的局面真是来之不易，所以，应当百倍珍惜，极力爱护。中国特色社会主义道路，正日益为世界所认同，中国建设人类命运共同体的理念，也逐渐为世界所赞成。一位美国的经济学家撰文评论道："世界越来越认识到，除了西方的模式外，还有一种新的模式，这就是中国的模式。"

世界是多元的，文化与经济、政治与体制、社会与生活都多姿多态，不可能同一和统一。只有互相尊重，友好往来，互相学习，实现孔子的"和而不同"才能建立和谐包容的地球家园。因此，中国对于世界的理想和目标就是构建人类命运共同体。人类先贤所梦想的大同世界一定会实现。

中国的前景是美好的，世界的前景也是美好的。

第五章 对人类的卓越贡献

汉　丝织品　湖南长沙马王堆汉墓出土

从欧洲暗无天日的中世纪向东方转过头去，可以看见中华文明的光辉是何等的耀眼。当欧洲人被“王权神授”的磐石压榨得几乎窒息、毫无人权可言的时候，中国的民本主义思想已经张扬了十几个世纪。对照中西方的古代社会，天才而又真诚的伏尔泰发出“历史始于中国”的惊叹，就是非常自然的事。热爱人类的伏尔泰把中国的古代社会想象得过于完满，但是中国古代的文明可以给世界提供借鉴，此文明无论怎样迂回曲折都可以与近代相通，这的确是历史的真实。

壹

古代的四大发明

全世界都知道中国古代史上的四大发明，这就是造纸术、印刷术、指南针和火药。

20 世纪 80 年代初，在中国对待这四大发明曾经有两种尖锐的态度。一种态度将这四大发明变成嘲讽的对象，用以证明中国传统文化的“封建保守”：中国发明了火药却用来燃放鞭炮，而西方却制成炮弹、火炮攻打中国；中国发明了指南针却用来看风水，西方却用于航海，他们的坚船向中国驶来；中国发明了造纸术，却造不出纸币，只能造冥币，连自己的钞票纸都要从国外进口；中国发明了印刷术却用来印皇历，而书籍的印刷落后西方几百年。

另一种态度是简单地驳斥第一种，曰“数典忘祖”。

近代中国的落伍与被欺凌是惨痛的事实，中华民族的复兴是全民族的愿望。为了寻找落伍的根源，中华民族开始了全民族的自省和反思。这是人类史上极其罕见的事。一个民族痛彻心扉的反思甚至到了自虐的程度，自我鞭打自己的灵魂，拷问在天的先灵。于是否定和嘲讽过往的一切甚至自己的光荣都成为一时之尚。当这燥热的旋风渐趋平息之后，人们才发现在爱恨交加的晕眩中所发出的指责和痛斥，有许多是欠分析的，是

清　周开泰　新诗造纸书画谱

非历史主义的，有的简直就是同史实相悖，以自己的主观感慨代替历史的真实。但愿如今还在这路上徘徊遐想、踽踽而行的人，停一停脚步。

四大发明及其远播世界的事实，颇能说明问题。

造纸术 从出土文物中可以断定，在西汉时期就出现了用植物纤维制造的纸了。东汉时，蔡伦将前人用纤维造纸的经验加以总结，改进造纸工艺，使纸的质量和产量大大提高。纸大量用于书写当在魏晋之后。唐代，中国的造纸术传入阿拉伯。12世纪，阿拉伯人在西班牙设立了造纸厂，把中国的造纸术传到西班牙，渐渐流传到整个欧洲。

印刷术 印刷术的发明年代应当是隋唐时期，那时是雕版印刷。到 11 世纪中叶，也就是宋仁宗庆历年间，毕昇发明了活字印刷技术。之后，印刷术由中国传入朝鲜、日本、欧洲。欧洲人用活字排版印刷比毕昇晚了 4 个多世纪。

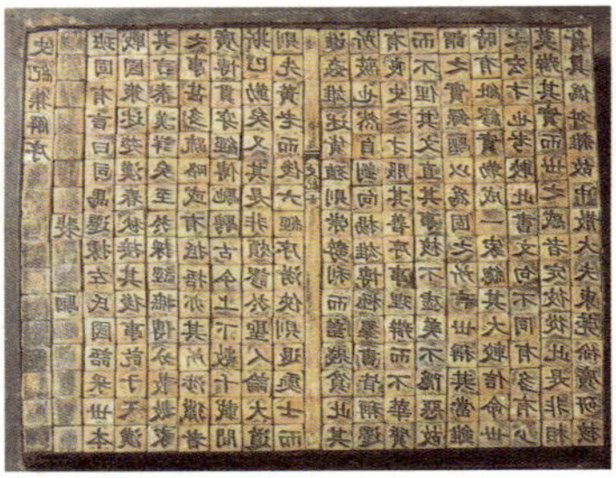

毕昇活字版（模型）

指南针 宋朝初期有了指南鱼，不久便发明了指南针，而且把它广泛地应用于航海业。北宋时，大批装备了指南针的海船往来于南海、印度洋等海域。阿拉伯人乘中国船只到中国做生意，也学会了指南针的制造与使用方法，并传播到欧洲。指南针由亚洲经阿拉伯传到欧洲，对整个世界的航运业起到了巨大的推动作用。

指南针的原型——司南

元 铜火炮

火药 火药的发明人是一批炼丹的术士，大约在唐朝以前就制出了火药。但是发明者的名姓已不可考，连发明的确切年代也无法弄清了。在公元八九世纪的时候，中国的炼丹术传到了阿拉伯，制造火药的主要原料硝石也传到阿拉伯、波斯等地。但是直到12世纪以后，阿拉伯等国的史籍上才提到硝石，名字叫“中国雪”，波斯人则称硝石为“中国盐”。制造火药的方法可能是在南宋时才传过去的。大约在公元13世纪时，中国的火器和制造方法才传到阿拉伯。阿拉伯古兵书上称，火器有两种：一为“契丹火枪”，是和敌人交手时用的；另一种是“契丹火箭”，是远射用的。“契丹”是那时阿拉伯人对中国的称呼，所谓“契丹火枪”就是中国火枪。热兵器的发明权也属于中国。阿拉伯人又把火药和火器的制造方法传给欧洲人。这时，中国人已经使用火药、火器几百年了。

中国人有四大发明，但制造与使用的技术也确乎曾被技术先进的西方超越，其原因是复杂的。但是智慧勤劳的中华民族不会自甘落伍，在一些领域中依旧保持着独步世界的地位，如宣纸的制造。有些领域又再度领先，例如中国是第一代黑色火药的故乡，也确曾受过西方列强火炮的轰击；但今天中国又在乳化炸药的研究上领先于世界。火药的故乡今天又向世界输出制造最新一代火药的技术了。

贰

中国历史上其他的发明与贡献

主要发明与贡献

中国人的发明绝不仅仅是四个。中国在悠久的历史中向世界贡献很多，无论是自然科学还是社会科学，中国都对人类奉献出自己的智慧。

1. 文官制度

如今风靡世界、被公认为是最完备的文官制度，其实是中国古代社会的创造。自秦汉以来的 2000 多年中，中国有中央官制、地方郡县制、铨选制、科举制、晋升制、回避制、俸禄制、考课制、监察制以及各种文官立法，形成完备细密的政治制度。中国灿烂的文明，与这种有效的管理体制有关。伏尔泰说："人类智慧不能想出比中国政治还要优良的政治组织。"肩负组织近代国家政治机构任务的西方学者都极力主张效法中国的文官制度。19 世纪，英国议会的大门终于向中国文官制度打开，他们仿行、完善、发展了这一制度，以至于在当代，文官制度成为组织和管理社会的基本原则。孙中山先生早就说过："现在各国的考试制度，差不多都是学英国的。穷源溯流，英国的考试制度原来是从我们中国学过去的。"所以，中国历史上的文官制度，也是对世界文化的一大贡献。

2. 科举制度

自隋唐至晚清，实行了 1300 年左右的科举制度，如今正引起各国学者、教育家的兴趣。不少人认为在人类古代社会的考试制度中，科举制度这种不论血缘、年龄、地域，广泛报名、统一考试、择优录取的考试制度是最公平、合理的。有中国学者说：科举制度也有压抑自由思想、限制学子发挥的缺陷，科举制度“是一个烂苹果”。一位美国教育家反驳说，只要有考试制度就会有标准答案、评分标准，“这样的烂苹果美国也有”。所以，总结科举制度的优劣，创造出符合当今时代的考试制度是一个大问题。

3. 道家学说

道家学说中阴阳两极对立又相互统一的观念，遵道循道的理性精神，探玄索隐的人生旨趣，求真尚朴的价值追求，都蕴含着丰富的科学精神，给世界的科学家以巨大的启发。所以，英国学者李约瑟把道家称为中国科学的先驱。

4. 儒家学说

孔子的儒学又为人类认识自身与社会以及人际关系、理想社会提供了一个完备的政治哲学体系。他的“仁”“礼”和后来孟子的“义”的观念，都给人以启迪。难怪一些西方学者称孔子是人类思想史上的一个里程碑。如今，联合国教科

清　沈世杰　天马图

文组织设立了“孔子教育奖”，这是对孔子“有教无类”的教育思想的肯定与褒扬。

其他贡献

从自然科学技术上来说，中国发明更是蔚为大观。

北齐　青瓷莲花尊

1. 瓷器

瓷器大约是对世界影响最大的发明。许多原始氏族都会用黏土烧制陶器，但从陶到瓷，却是中华民族的独特发明过程。3000 多年前，中国的先民已经在制陶的基础上学会烧制原始瓷器了。东汉后期至魏晋才有真正的瓷器。从陕西法门寺地宫出土的文物中，我们看到了 1000 多年前的唐代瓷器。据说，波斯人是从 11 世纪开始研究中国的制瓷术的，而意大利是 1470 年才开始在陶土上挂一种铅釉，但这并不是真正的瓷器。直到 1712 年法国传教士发现用江西景德镇高岭山的高岭土可以制瓷，并设法带回欧洲后，欧洲人才造出真正的瓷器，而高岭土（kaolin）一

元　青花釉里红镂雕盖罐

词成为全世界陶瓷业通用的名词。

所以今天西方人把英文中的 china（瓷器），与 China（中国）一词并用，既说明瓷与瓷器是中国独具特色的发明，也证明西方人通过瓷更进一步地认识了中国。如今，瓷又作为新材料之一，在建筑、电业、机械等方面发挥重要的作用。

2. 丝绸

丝绸是中国发明的。早在史前时期的传说中，中国的先民就会养蚕缫丝织绸，传说中嫘祖就是养蚕缫丝的发明者。古罗马著名诗人维吉尔还在想象丝绸是从树上流下来的某种东西的产物，而那时中国已经有了缫丝车、提花织机和五彩套色印花技术，能织造出锦、纱、绫、缎、绸、绣等丝织品。

1972 年在长沙的马王堆汉墓里发现有 200 多件丝织品，其中有一件完好的素纱襌衣，薄如蝉翼，犹如今天尼龙头巾般轻柔。此衣长 128 厘米，袖长 190 厘米，重量却仅 49 克。

2000 多年前，中国已经有了高超的丝织技术，而欧洲的贵族则要用同等重量的黄金来买从中国运来的轻柔的丝绸。从陆路到海路、由东向西的大道，之所以叫“丝绸之路”，可说是由丝绸铺成的。古希腊、罗马称中国为 Seres（丝国）。Seres 显然是中国“丝”字的音译。现在英语中称丝为 silk，就是由希腊语 Seres 演变而来。丝绸将中国与世界联系起来。今天，中国依旧是闻名世界的丝绸之国。

清　制茶图

3. 茶叶

茶叶是中国发现的。现在许多国家的语言中对茶的称呼是从中国汉语中的粤语和闽南语转化而成的。中国的祖先饮茶已有 4000 多年的历史。秦汉时期，中国已经开始培植茶树，生产茶叶。唐代茶树已遍及南方，饮茶习俗已风靡全国。陆羽更是写了世界上第一部介绍茶的专著《茶经》。

公元 5 世纪，中国茶叶输入日本、朝鲜。17 世纪销往欧美各国，饮茶之风遍及全球。茶与咖啡、可可一起，并称世界三大饮料。赏茶、品茶、论茶，还是中国独到的哲学在日常生活中的体现。

中国茶道深深影响了日本，以至于日本形成了自己的茶道。法门寺地宫出土了一整套茶具与器物，展示了唐朝使用的茶道器皿之精美。

中国茶叶有绿茶、白茶、乌龙茶、红茶、黑茶等。每类又分成若干种，滋味各有不同，沏泡的方法也各不同。而外国只有红茶等少数品种，茶之大国以及茶文化的兴盛之国如今也还首推中国。

4. 医药学

中国的医药学也是对世界的巨大贡献。据记载，在3000年前中国就有了开颅手术，麻沸散（麻醉药）至少在东汉时即已盛行。近来中国又向世界药学界提供了黄连素、麻黄素和青蒿素，为人类造福。中医的针灸、推拿正越来越为全世界所认可。人工合成牛胰岛素首先在中国制成，为广大糖尿病患者缓解病痛。在医治癌症、艾滋病上，中国的医药也具有较光明的希望。

5. 石油

中国是最早利用石油的国度。中国在汉代已经认识了当时称为“洧水”的东西，宋代的沈括正式将它命名为“石油”。而最晚在元代，中国已经打出了世界上第一口油井。过去，中国被嘲笑为贫油国，如今中国的石油和天然气已有较高的产量。

6. 圆周率 π

即圆的周长与直径的比值。对 π 计算的准确程度是各个时代数学水平高低的标志。魏晋时的刘徽提出了割圆术，即把圆周长按圆内接正多边形的周长计算，从圆内按正六边形算起，一次次把正多边形的边数加倍，从十二边、二十四边、四十八边到九十六边……边数越多，正边形的周长越接近圆周长。当他算到圆内接一百九十二边时，得出 π 等于 3.14。后来，他计算了圆内接正三千零七十二边形的面积，得出了更精确的 π 值为 3.14159。这两个 π 值的精度都超过了阿基米德和托勒密取得的成果。刘徽的割圆术是他独特的发明，影响深远，说是第五大发明，当不为过也。

在 π 值的计算方面，成果最突出的是祖冲之。祖冲之（429~500 年），字文远，范阳遒县（今河北涞水）人，少而博学。当时正值南北朝时期，中原战祸频仍，人口南迁。祖冲之一生在南朝（刘宋与南齐）度过，在科学上有极大的成就。他在刘徽对 π 值计算的基础上继续前进，提出了两个 π 率。一是约率 22/7，这在他以前已经有人求出；另一个是密率 355/113，这个值为祖冲之所首创，比西方早了 1000 多年。他还求出更进一步的近似值，用数学符号表示，即 $3.1415926 < \pi < 3.1415927$。

16 世纪，德国人奥托和荷兰人安托尼兹先后得出这个数字，已经是在祖冲之谢世 1000 多年之后了。所以，355/113

宋　李唐　灸艾图
反映南宋时走方郎中用中医灸艾法为村民治病的情景

被著名数学家三上义夫称为“祖率”，获得了世界的认同。祖率至今还在科技领域广泛使用，这不是一个奇迹吗？

7. 十进位系统

夏朝以十日为一旬，沿用至今。商代甲骨文和金文开始用十三个字（一、二、三、四、五、六、七、八、九、十、百、千、万）记录十万以内任何自然数，这比任何印欧语系的文字在记数上都先进、科学、方便得多。这也标志着十进位系统的诞生。

秦汉以后，中国已经确立了完整的十进制体系，较任何古文化的各种进位制度都要先进优越得多。现在世界上的基本进位制便是十进制，中国为此作出了卓越的贡献。

根据十进制制成的中国计算器——算盘，当然也是中国的发明。

8. 其他种种贡献

还有，真漆的发明与使用；扑克牌，当初产生于中国，按历法而制，后传入欧洲经改造后风行于世；筷子也是中国独具特色的发明，使用筷子有助于左、右脑的开发，这是今天科学家的发现。中国人是最早把人类的两大发明——陶器与筷子合并使用的民族。这两件古老的发明将伴随中华民族至永世。皮影戏，这应该看作是近代电影的先驱。金鱼，将变异的鲫鱼定

算盘

向培养让它千姿百态供人欣赏，这原本是中国的玩意儿；如今在世界各地受宠的北京犬，也是中国的育种匠人长期选育而成的专供宫廷饲养的宠物。还有团扇、轿子、马球、蹴鞠（一种游戏，比谁耍的花样多而球不落地，与今日的看谁踢进对方球门多的竞技足球大不相同）……按照各自偏好，可以尽数各类发明。这些古代的发明创造，都已经被科技史专家、英国的李约瑟博士写进他的皇皇巨著《中国科学技术史》中。李约瑟博士说："可以毫不费力地证明，中国的这些发明和发现远远超过同时代的欧洲，特别是 15 世纪之前更是如此。"

炼丹术中的化学工艺、世界上第一个地震仪、遗传育种、最早的天象记录、中国的阴历（包括祖冲之的"大明历"）等，都对世界的历史有深远的影响。

美国学者德克·卜德也感慨地说："倘若没有以上这些东西，我们西方的文明将是何等贫乏不堪啊！有些东西给我们提供了无穷的乐趣，有些东西既富于使用价值，也给人以艺术的享受。还有些东西完全改变了我们的生活方式，成为现代文明

雷公炮炙法　中国古代中药的炮制

的基础。”

中国古代有如此众多的发明创造，不是为了说明中国人格外聪明，只是证明中华民族的古老，她的文明史早而悠长。早出发的人当然比晚走者先有快乐与痛苦，将这些经验和教训说出来，是天经地义的事。中国人可以因此而自豪，可以增加前行的自信，但不可躺在先人的成就上睡觉。我们应当清醒地走自己的路。

中国向世界贡献了许多，也从世界各地学来了很多，今天依旧向世界贡献自己的智慧，同时，也从外部汲取智慧的营养。中国正是在发挥自己之长和吸收他人之长的过程中生生不息的。今天更应当创造新的中华文明。

叁

中国古代的科技思维及其影响

中国传统文化中天人合一，自然与人事相关应、浑然一体的观念，是一种有机的自然观。这种思维使中国发展出一套与西方科技文化不同的体系，它的特点在于整体思维和综合能力，辩证的思想方法。

中医药学是中国科技思维体系的代表之一。

按照中医的看法，人体是个阴阳两极和谐的统一体。阴阳平衡、协调便是健康。失去这种平衡或阴盛阳衰，或阳盛阴衰都是不健康的表现。人体是大宇宙系统中小小的系统，中医从经络和穴位发现了人体各个部位之间的联系，又从阴阳、五行中找出了它们相生相克的辩证关系。东南西北中，晨昏旦午晚，木火土金水，角徵宫商羽与喜怒哀乐恐，和人体的病相有关，也与药味（酸辣苦甜咸）有关。人体的各种器官也彼此有关联，如肝开窍于目，心之苗为舌，肺与大肠相表里，胃主皮毛等。因此，中医治病不是头痛医头，脚痛医脚，而要用望、闻、问、切四种诊断方法予以综合性考察。望气色，闻体味，问病史、病征、饮食起居、心情变化，乃至考虑年龄、生活习俗、地域、季节等，配合切脉，查出病因。投药时，也要讲究地域、给药时间、季节、病人体质、药物之间的“君臣主辅的关系”。一个人咳嗽、患气管炎，中医往往用润肠通便之药，以降肺火，药中甘草一味绝不可少；目赤眼肿之疾，则施以平肝之药。这种辨证施治、整体调节的医术，表现了中国文化中人与自然相谐相融的观念。

中医的针灸经络学说，正是这种思维体系的产物。中华医学、药学保证了中华民族绵延不绝的命脉，使整个民族日益强盛，它独特的成就正愈来愈受到世界各国的重视。

汉医、藏医、蒙医与朝鲜医等各分支正汇合成一个统一综合的中华医药体系，成为人类医学的宝库之一。

当然，中医药在发展过程中也有迷信、神秘色彩的融入。国民政府曾经明令取缔中医，但禁而不止，中医药依旧大为盛行。新中国成立后，政府施行中西医结合的方针，遂使中医与现代科学和西方医学携手走上了正确发展、更臻科学的道路。

中国古老文化中这种整体思维，普遍联系、相互制约、相互补充的观点，日益为全世界学者所重视。科学的发展正使处于边缘或彼此交叉的学科成为新的科学门类。混沌学、模糊学的兴起，

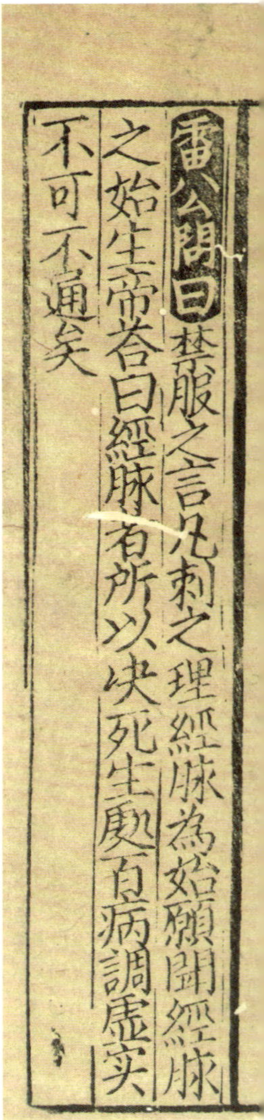
雷公問曰禁服之言凡刺之理經脉為始願聞經脉之始生帝荅曰經脉者所以决死生處百病調虛实不可不通矣

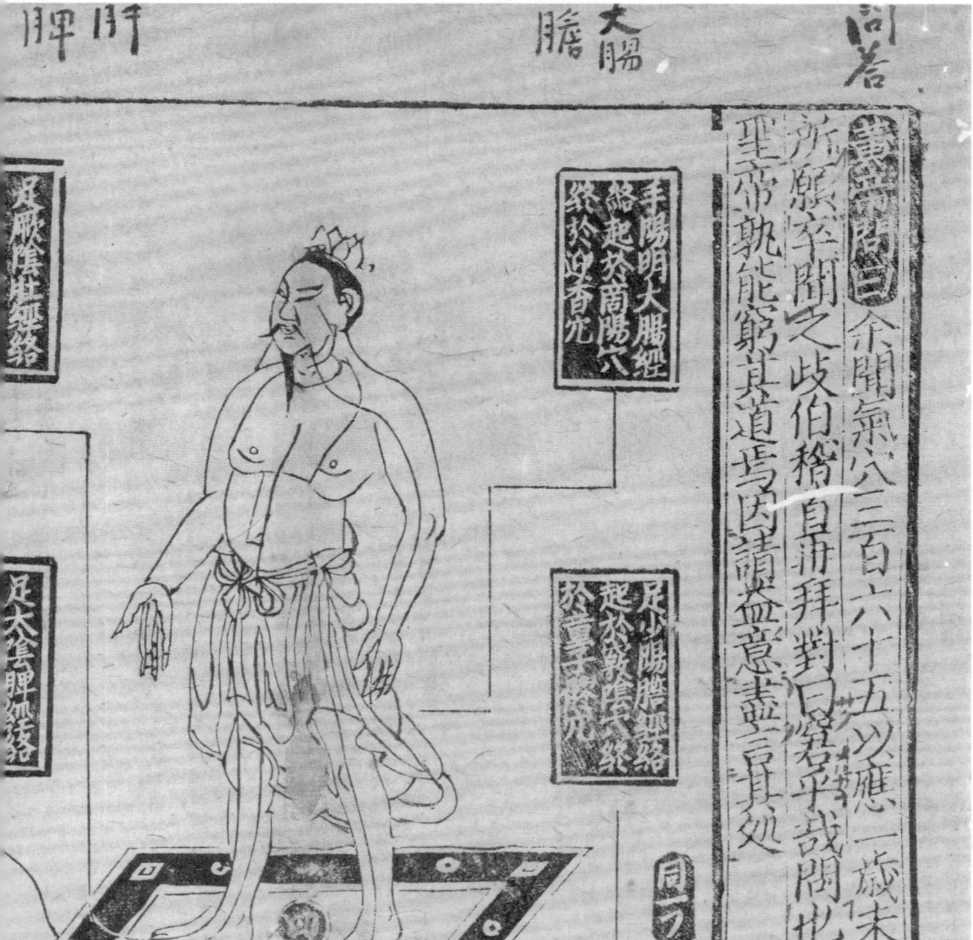

《新刊补注铜人腧穴针灸图经》书影

正好验证了中国古代思维的正确性。那个彼此融合、联系的阴阳鱼所构成的太极图，正好体现了世界在两极中对立、补充、无限发展的生生不息的本质。1937年，丹麦著名物理学家玻尔访问中国，被中国关于对立两极的观念深深震动。他认为原子理论在方法论上的问题是中国道家的老子早就遇到的问题。他认识到，中国古老的智慧与西方现代科学之间有着深刻的协调性。于是他选择中国的太极图案作为自己家庭的族徽，终生保持着对中国传统文化的崇尚。

中国古代科技的领先势头，在近代变为滞后，原因很多。中国文化中较少形而上的思维方法也是原因之一。多综合少分析，分类学不够发达，使自然科学的发展不尽如人意。思辨科学发达，又与将科技视为“奇技淫巧”

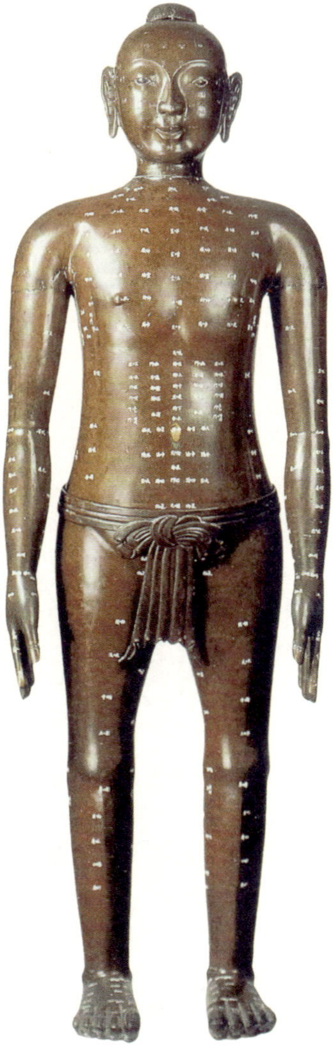

明　针灸铜人

的风气混杂，形成一种不利于科技发展的社会氛围。这些都应予以总结，以利于开创一个促进科学技术发展的新局面。新的世纪或许正是东方思维再领风骚的年代，这就是为什么老子、庄子的思想再度备受青睐的原因。不少大科学家在自己震惊世界的学术论文前面引述这两位先哲的古老的论述。东西方思维的结合必将引领中国自然科学和技术重新走在先进的行列中。

第六章

光辉灿烂的未来

长城　与天安门、兵马俑一起被世人视为中国的象征，是中国悠久历史的见证

人类已经进入新的时代，未来充满诱惑和危机感。中国古老而又年轻的民族文明在未来的岁月中究竟能焕发怎样的光彩？这是一个我们必须回答的问题。

壹

中华文明是唯一未曾断裂的古老而又现代的文明

在人类文明的发展史上，曾经有过四大古文明。这就是古埃及文明、古巴比伦文明、古印度文明和中华文明。

古埃及文明在公元前 6 世纪就瓦解了，她的历史约有 3500 年。如今只有金字塔在月光下幽然兀立，它的秘密至今仍隐藏在历史的烟尘中。古巴比伦王国约在公元前 1595 年被赫梯人所灭，赫梯又被“海上民族”所灭，曾经光彩灼灼的古巴比伦文明从此烟消云散。古印度的笈多王朝也曾辉耀东方，但是在公元 6 世纪衰微，分裂为星罗棋布的小王国，古印度文明的光彩暗淡了。

这些人类早期的文明，曾经证明人类的先祖是何等智慧与勤劳。如今这些都消失在无尽的时间与空间里，只有少数的文物遗存孤零零地站在那里茫然四顾，追忆着兴盛的往昔，胆战心惊地瞥望着未来。

人类至今所未能消除的最大的罪恶，便是以自己的手去毁灭自己创造的文明，并且连同这文明赖以存在的环境一起毁灭。

逃脱了洗劫之灾的人类古老的文明只剩下中华文明。她历经无数的考验、磨难，始终能从衰微走向发展，悠悠度过 5000 年的岁月，依旧年轻。怆然回顾，同中华文明一起诞生

宋　赵黻　长江万里图卷（局部）描绘长江壮阔的景色

的古文明兄弟都已倒下，中国在自豪中又难免孤寂苍凉，同时也有继往开来，将人类文明火炬传至无穷的责任感。中华文明能够述说往昔，将过往延至今日；又能支撑今日，并且将烛火传向未来。她是这世上唯一未曾断裂、一直延续下来的文明。中华文明当然可以担当将从前与未来连在一起的重任。

任何一个民族的文明在发展中都会受到外来文明的冲击。

自身生命力不强的文明势必会在强大的外来文明的冲击下解体，甚至消失。而生命力强韧的文明则在外来文明强烈的刺激下再度勃发，召唤起内在的潜力，重新获得旺盛的生命力，中华文明正是这种生命力强韧的文明。

贰

中华文明在博采众长中延续发展

中华文明之所以有强韧的生命力，一个重要的原因是她能够融合、吸收许多民族的先进文明。

中华文明是在融合了各民族众多文化之后形成的。这个过程至今还在进行当中，而且会延续无穷。夏商周时，华夏族就融合了其他部族的文化，又保留了各民族的特色，形成了统一的中华文明。

春秋战国时期，东夷西戎，南蛮北狄，各民族同中原诸族，纷争与融会交集。经500多年的大动荡、大整合，才有了秦汉空前的统一与强大。汉与匈奴争战不已，南迁的匈奴部落融会于中华民族之中；“独尊儒术”的政策，又促进以儒文化为核心的中华文明的发展，形成一个兴盛的新局面。

南北朝又经历了一轮新的动荡与整合。这个时期是中华民族内部空前活跃的文化交融期。胡人汉化，汉人胡化，西边的波斯文化及西域诸族文化，北边的鲜卑、羌、氐，南部的各少数民族，各种文化在中原地区交并、汇合，才形成了唐文化的大放异彩。唐代的开放之风，是中国历史之最。佛教、基督教、伊斯兰教同时在中国传播，儒、释（佛教）、道“三教论衡”，展开哲学的辩论。那时的长安可谓真正的世界之都，成

明 三教图
想象中儒、佛、道三教创始者相谈甚欢的场景

了世界各民族各种文化的橱窗。当时长安的百万人口中，有 2 万到 5 万外侨和外裔人士，这在今天也是个不小的数字。

隋唐时期，文化不断发展。宋代经由程颢、程颐、朱熹等人的整理总结，逐步形成以儒学为主兼容释、道，三者一锅煮的“道学”体系。优点在于使中国传统文化有了一个完整的架构，使儒、释、道成为中国传统文化的三个支柱。他们对儒、道的“注”与“疏”成了当时官方的正解，无形中扼杀了许多新鲜活跃的思想。儒与道的学问经他们加工改造的不少。不过，理学发展之初使士大夫文化同开始萌生的市民文化趋于融合，适应了开始活跃的城市经济，渐次形成中国近代文化的雏形。

元朝实行“仪文制度，遵用汉法”，对中华文明有所贡献。到了明代，依旧以理学体系为主，理学却由于它的僵化不能适应带有资本主义萌芽性质的城市经济的迅速发展，而具有强烈民主意识和商品经济意识的市民文化却异常活跃。

这种状况大量地反映在明代的小说、戏曲当中。对“道学”的揭露、批判，对人性美的张扬，对商品经济和新兴商人、手工业者真实的描写，对美好爱情的歌颂，都显示出明代晚期中华文明在吸收新的因素，进入一个新轮次的融会、整合。

这时期的中国自然科学技术也有新的发展，出现了科学家徐光启、宋应星，地理学家徐霞客，医药学家李时珍等。这时急需一批卓越的理论家、思想家提出适应时代指明方向的理论替代理学，促进新生产方式的产生。中国也确实出现了有可能成为这种思想家的人物，这便是李贽（1527~1602年，号卓吾）。他尖锐地指斥理学，矛头直指孔子。他把由韩愈发端，经宋、明两代大儒，特别是经朱熹所倡行的“道统”，批判得体无完肤。他主张人类社会要天然平等，认为“人人都是现成的圣人”“人人无不载道”，提倡男女平等，反对重农抑商。他批判的锋芒可谓是继东汉王充《问孔》之后最为尖锐、激烈的，因而被诬下狱，自刎而死。他的思想虽犀利，可惜也陷入中国哲学家奇异的怪圈（或述古或批古而少自成一家言的立论），缺乏自己完整的思想体系，没有像西方启蒙学者那样成为反对封建主义、为资本主义生产方式鸣锣开道的理论家。他也没有分清孔子的儒学与朱熹的理学之间的区别，更没有弄清统治者主张的“儒学”与真正的儒学的区别。因此，他的批孔使许多知识分子误解他，以至于有人说他弄到“人人皆曰可杀”的地步。李贽未能再进一步地成为中国具有民主意识的思想家，当时更没有形成

《天工开物》书影

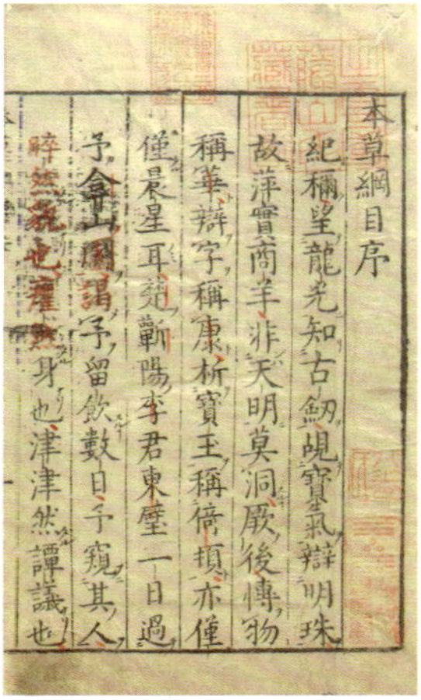

《本草纲目》书影

一个这样的思想家群体。所以，当时也没有如西方的启蒙运动那样的思想界的大震荡。虽然世风已经表现出中国历史上从未有过的市民文化的萌动，但严酷强大的封建势力及其理论体系“理学”（道学）压制了这种先进思想的发展。

清代统治者为了稳固政权，实行高压与怀柔并举的政策，在封建集权的同时，也曾尽量保存汉族的社会习惯和传统文化、道德，以缓解民族间的矛盾。

因此，在清朝持续200多年的统治当中，学术文化方面也曾取得了不小的成就：古典学派的朴学可与宋明理学前后辉映。

学者黄宗羲、顾炎武、王夫之提倡经世致用，反对虚谈，学风为之一变。这是对中国知识界长期恶劣学风的一次大扫荡，为新学的输入开辟道路。揭露封建社会没落趋势的长篇小说《红楼梦》和《儒林外史》大放异彩；传奇作品《桃花扇》《长生殿》等也表现了戏剧界的优秀成就；晚清时期兴起的谴责小说《官场现形记》《老残游记》等，在反映改革的政治要求和讽刺官场、酷吏的腐败等方面也作出了贡献；由龚自珍、魏源到康有为的今文经学派，更表现出社会大变革前夕知识分子新的面貌和倾向。从总体上看，清王朝虽有满汉文化的交融，但中华文明内部新的因素毕竟成长缓慢，加之统治者闭关自守，缺乏同外来文明的交融，难免造成了中国的衰落。

中华文明在发展中除不断融合本民族各支系文化之外，还不断吸收外来文化之长，将它们本土化，使之成为中华文明的

清　孙温　绘全本红楼梦之石头记大观园全景

一部分。中华文明向来是博采众长的。

当今世界有三大宗教——基督教、伊斯兰教、佛教，可以说是世界宗教文化的三大支柱。这三大宗教在世界各地的传播中都经历过残酷的战争，而这三大宗教进入中国却都以和平方式实现，在漫长的中国历史中从未有过真正的宗教战争，而佛教更是中国主动引入的。

玄奘取经的故事在中国家喻户晓，说明了中国对发源于印度的佛教虔诚学习的态度。玄奘历千辛万苦到达时称天竺的印度，在印游学十几年，足迹遍及天竺各地，成为著名的高僧。贞观十七年（643 年）离印回国，于贞观十九年（645 年）正月回到长安。他写的《大唐西域记》，记载了 110 个亲历的和 28 个传闻的城邦、地区、国家的情况；

唐　大秦景教流行中国碑　景净撰　吕秀岩书

他主持翻译了75部佛经；建造大雁塔以藏经书。他还把中国的《老子》和印度久已失传的佛经《大乘起信论》译成梵文传到印度。

佛教在中国几度兴衰，经过禅宗六祖慧能的改革，完成了本土化的过程，变成了地道的中国化的文化，与儒、道一起成为中华文明主流的三大家。

对待外来文化，每个民族都会有一个曲折的认识过程。欧洲中世纪的天主教对待异端思想的态度最为野蛮。中世纪史上，几次大的宗教杀戮，都是针对天主教的改革派或其他宗教思想的。宗教裁判所把近代天文学的先驱布鲁诺活活烧死，而利玛窦来中国传教却受到明朝上下的崇敬。利玛窦的天文学说在皇家主持下，与落伍的历法进行辩论，终被事实验证。利玛窦之后的汤若望，在入关后第一个清朝皇帝顺治的支持下，也在观象台上同当时的钦天监官员辩论。另一位继承他们事业的南怀仁教士监造了许多天文仪器，这些天文仪器而今还立在北京古观象台上，成为中西科学交流的见证。与欧洲暗无天日的中世纪相比，中国晚明清初对待“异端”的态度是这样泾渭分明，中华文明的开化与博采众长不是很清楚吗？

一个是中华传统文化主体的合理性（科学性），一个是它善于融合本身各支系文化，再一个是容纳、消化、改造外来文化的强大能力，这便是中华文明生生不息的全部秘密。

清　徐扬　日月合璧五星联珠图（局部）
画卷中绘有观象台，上有浑天仪、天体仪两座观测星象的仪器

叁

中华文明与世界文明的多元化

同西方文明相比，中华文明在明清之际开始迟滞。一方面是因为本身正需要新的整合，文明正处于低谷状态，而西方却掀起了资产阶级革命，近代文明大加张扬，处在一个“一天等于二十年”的突飞猛进时期。一消一长，使原来领先的中华文明变得滞后。而另一方面则是因为西方的武装侵略打乱了中华文明缓慢调整的进程，中国的落伍成了合乎逻辑的事情。然而，200多年前的这次掉队，并不意味着中华文明在根本上的劣势，中华文明的优势与博大精深不能因此而被彻底否定。中华文明需要的不是斩断自己的脐带，彻底地接受西方文明，而应是在诸多文明的冲撞中，审视自己，抛弃完全过时的东西，将优势继续下去，吸收外来文化的精华，创造新的中华文明。

中华传统文明在博采众长中发展的历史已经显示了它强韧的生命力，中华文明的复兴是必然的。所谓传统，不是过去，而是一种运动，一种存在，连接过去、今天、未来的历史的流程。中华文明既没有过断裂，也不是跳跃式的发展，而是承接、转进。它不抛弃人类优秀的创造，又不断吸收新的因素而日益完满。这应当是人类文明发展的规律。20世纪20年代，中国正处于贫穷、落后、混乱的状态，但是美国的哲学家威尔·杜兰特博士，这位以《世界文明史》而名噪全球的学者，却对中国一往情深。他认为："中国文化乃是世界文明重大成就之一。"他相信中国"有康复和更新的本质"。他说："这个经过 3000 年历史的国家，在好几次兴衰之后，今天在整体和精神上所表现的活力，我们发现这是个最有创造的时期。"他满怀激情地写道："世界上没有一个民族能像中国那样的精力充沛，那样的聪慧，那样的能忍受灾难和痛苦，那样的在历史的熏陶下能沉静忍耐和等待复原。这个拥有如此物质、劳力和精神资源的国家，加上现代工业的设备，我们很难料想出可能产生的那种文明是什么样的文明。很可能将会比美国更富有，很可能将会与古代的中国一样，在繁荣和艺术的生活方面，居于世界领先的地位。"这是一位美国人在 20 世纪中国看起来最无望的时候所发出的预言。他站在西方文明中心论的前哨地带却凝视着东方，对中华文明寄予厚望。

中华文明辉煌与暗淡的历史，说明一个真理：每一个民族的文明都必须与时俱进，在同外部世界的交往中汲取一切文明的精华，消化吸收，融为自己文明的有机部分，使自己的文明时时更新，也使自己的文明成为世界文明的一部分。中国先贤所说的"厚德载物"悠悠越过数千年的岁月，依旧闪烁着真理的光芒。

如今，中华文明正经受新一轮的考验，在全球化的浪潮中，中华文明是固守过往的阵地，陶醉于先前的璀璨，还是将数千年的积淀全部打翻，扔到太平洋里，换一副脑筋成为西方文明的东方克隆版？抑或是认真梳理自己的文明，张扬那些被时间证明为真理的部分，抛弃那些已被历史否定的渣滓，敞开胸怀，打开门窗，让八面来风，吸收所有的精华，创造出属于新时代、新世界的中华文明？毫无疑问，我们只能选择后一条路，这是历史的选择。

我们还要建造一个让世界所有文明对话的平台，将中华文明的精华提供给人类，为多元的世界文明增添一份光彩。

是的，世界文明是多元的。因为组成世界大家庭的民族是多元的。每一个民族都有自己的特色，都有平等生活在地球上的权利。多姿多彩的文明，才能保证世界的丰富性、多样性。人类需要在彼此的交往中各自奉献自己的文明，同时吸收别人的优长。中国的孔子所设想的“和而不同”的理想境界，正是在充分尊重个体特性的基础上实现的和谐。一个和谐的世界，必是多元的“和而不同”的世界。在理想的和谐世界，没有哪一种文明可以凌驾于所有文明之上，所有的文明都供人类共有共享。

新世界的太阳正喷薄欲出。人类自残和毁灭家园的惨剧，正渐渐退向暗淡的远方。总有一天，人类会埋葬所有的争斗，将先贤超越时空的理想——大同世界的旋律发射到太空，响彻宇宙。一个焕然一新的地球家园将在太阳系中周转不息。

人类是有希望的，这希望就在我们手中。

中國讀本

文化篇

苏叔阳 著

广西教育出版社
南宁

图书在版编目（CIP）数据

中国读本 / 苏叔阳著 .— 南宁：广西教育出版社，2021.8

ISBN 978-7-5435-8909-4

Ⅰ.①中… Ⅱ.①苏… Ⅲ.①中国－概况 Ⅳ.①K92

中国版本图书馆 CIP 数据核字 (2021) 第 126161 号

中国读本
ZHONGGUO DUBEN

项目策划：黄红杰 王飞峙 孙华明
特约编辑：朱 璐
责任编辑：孙华明 陆施豆
责任校对：陆嫣澄 谢桂清 刘汉明
装帧设计：今亮後聲 HOPESOUND 2580590616@qq.com · 张今亮 任晓宇 梅杨
责任技编：蒋 媛

出 版 人：石立民
出版发行：广西教育出版社
地　　址：广西南宁市鲤湾路 8 号
邮政编码：530022
电　　话：0771-5865797
本社网址：http://www.gxeph.com
电子信箱：gxeph @vip.163.com
印　　刷：北京博海升彩色印刷有限公司
开　　本：880mm × 1230mm 1/32
印　　张：15.5
字　　数：300 千字
版　　次：2021 年 8 月第 1 版
印　　次：2021 年 8 月第 1 次印刷
书　　号：ISBN 978-7-5435-8909-4
定　　价：128.00 元（全 2 册）

目录

第一章

古老而又现代的文字

第二章

传统的宇宙观、伦理与道德

第三章

古老独特的生活方式

第四章

传统的经济文化及其影响

第五章

璀璨的文学艺术成就

第六章

优秀的军事文化

第一章
古老而又现代的文字

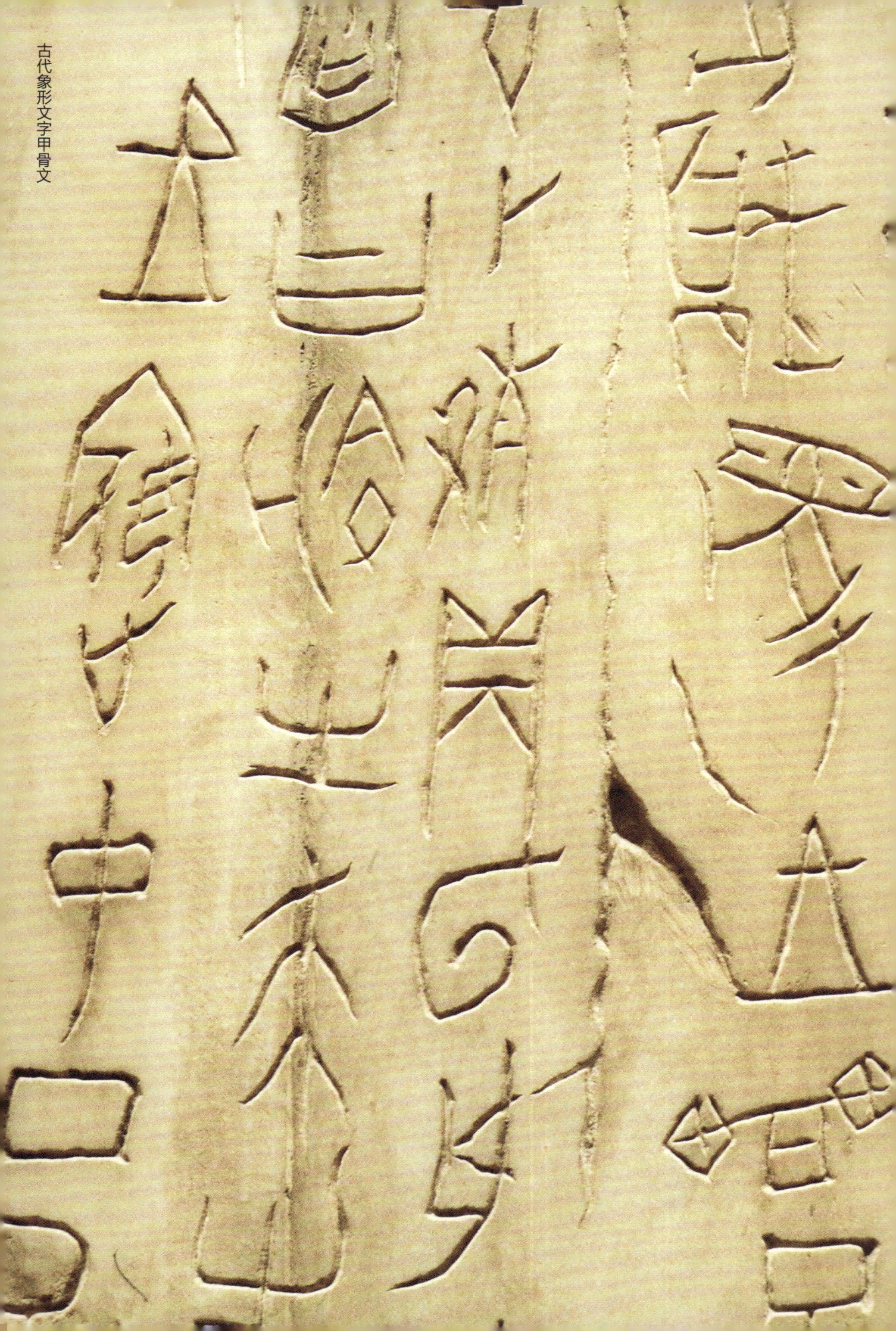

古代象形文字甲骨文

人类什么时候有了语言，这是一个难解之谜。但是当人类终于用语言代替动物式的嚎叫来表达自己的意愿时，当第一声真正的人类语言打破嘈杂纷乱的寂寞时，那是多么庄严伟大的时刻！语言让人类同动物区别开来，那发出第一声人之语言的先祖令我们永久地追思。

文字的诞生又是一次伟大的飞跃。有了文字，人类便可以为宇宙间的一切命名，阐释它的内涵，赋予它意义，把人类流通变化的思想感情固定凝集于文字，传之久远。文字使人类有了准确的历史记忆，使思想、文化打破时空的限制。有了文字，人类之间才可以准确地沟通、理解。文字的历史正是一个民族文化史的纪念碑。

中国所使用的方块汉字是世界上独一无二的文字。它产生的历史和在实践中的作用，是个专门的学问，应当好好研究。

人类的文字大体都走过从象形到拼音的道路。只有中国的汉字，停在拼音化的门口，再也不肯向前。是中国人的先祖愚笨还是过于执拗？传说中第一个造字的仓颉为什么不在拼音化上想些办法？后世的学者为什么做过许多汉字拼音化的努力而一次次失败，让方块汉字从古至今一直保留下来？这些都是饶有兴味的问题。

壹

方块汉字的发展史

中国在 1899 年重新发现了甲骨文。甲骨文是 3000 多年前殷商时的文字，是有相当完备体系的汉字。现在发现的甲骨文单字约 4500 个，其中可识辨的约 1700 个，在字形构造方面已具备会意、象形、假借等造字方法；词类已具备名词、代词、动词、形容词、数词等；其句子形式、结构序位等已与后世相一致。它记录的“往来无灾”“今日无雨”“今日大风”等已经与后来的汉语乃至与现代的书面语言相同了。这就证明，在甲骨文之前汉字必定走过了很长的历史发展路程，关于黄帝的史官仓颉造字的传说就不是无稽之谈了。仓颉（如果真有其人）很可能是将各地各人创造的文字加以集中整理的第一人。1983 年在河南省舞阳贾湖出土的距今 8000 多年的契刻符号，证实了这一设想，中国的汉字可能早在 8000 年以前就已在形成中。

汉字是用象形、指事、会意、假借、转注、形声六种方法造成的。这六种方法被称为“六书”。懂得并且记住了六书就懂得了汉字的精妙之处。

象形：就是按照实物的形体画出笔画，成为字。如“日”为“⊙”或“⊖”字，“月”为“”或“”字，还有“一、二、

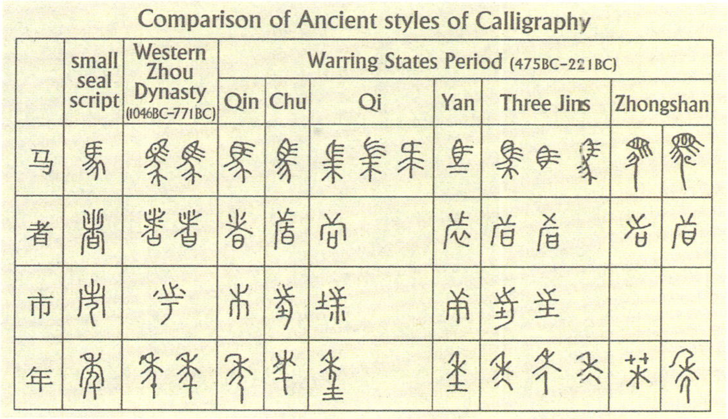

国外介绍中国文字的图表

三、四”写作象形“一、二、三、亖”。

指事：是用一个指事符号加在象形字上形成的，这种符号通常是“●”或“一”，如“刃”。指事字在汉字中最少。据统计，指事字在《说文解字》（中国最古老最权威的文字学专著）里只有129字。

会意：是合并几个意义上有关联的字，显示出新组成的字的意义。如：“信”字是“人”“言”的组合。人说话就有信用，这对那些专门说谎话的人，真是一种讽刺。所以中国的方块汉字还含有道德价值的内涵。

假借：汉语语言中有一类有词无字的词。即语言中这样说，可文字中却没有这个字，于是就用一个现成的、读音相同

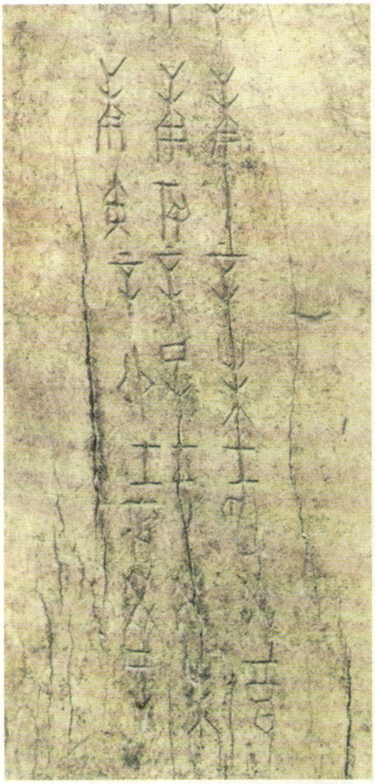

刻在牛骨上的干支符号（殷墟出土）

或相近的字来代替，而这个字与要表达的词的本义并无关联。即“本无其字，依声托事”。如：“求”字，小篆写作“”，是象形字，本义是皮衣。由于声音相同，便假借为“请求”“要求”“追求”之“求”，一直使用至今。而人们逐渐忘记它的本义，不得不以另造的“裘”字来表示。

转注：是对原有的文字加上表义的偏旁来形成新字的方法。比如：“它”字的本义是指蛇，小篆写为“”，后来渐渐符号化为人称代词，没有了象形的功能，表义的功能也随之下降，于是添上“虫”字旁，用以说明“它”字的本义。

形声：就是用表示事物类别的字作为形符，用一个同事物名称声音相同或相近

吴荣光藏本秦篆琅琊台刻石·秦权合装拓本（局部）

明拓秦琅耶臺刻石

筠清館鑒藏

文寬題署

的字作为声符，组合成一个字。例如：“江”“河”，就是取“水”（“氵”）做形符，以“工”“可”做声符组成的。这类字很多，如：铜、烤、领、箭、煮、闻、园、岛、房等。

汉字经历了甲骨文、两周金文、战国文字、秦篆的古代汉字时期和流传至今的隶书、楷书、草书、行书的现代汉字时期。金文是刻在青铜器之上的文字，大篆是春秋战国时的文字。那时除秦国之外，齐、楚、燕、韩、赵、魏六国的文字也有差别，统称为战国文字。至秦统一中国，便将秦相李斯主持整理的小篆列为标准字体，这便是“书同文”。后来出现的楷书，成为方块汉字的标准体，流传至今。至于行、草二体，则是得益于书写便利，以及作为书法艺术而流行的，是楷书的补充。汉字在造字法、书体、结构、数量、音义上都经历了增繁或趋简的过程。

汉字发展到今天，其记录传达汉语的精确有效程度和学习使用的方便省力程度都达到了历史的最高水平。中华民族一直在追求一种理想完美的文字，汉字便是这种智慧的结晶。

贰

汉字的优点和历史功绩

人类最古老的文字都是象形文字，目前知道的共有三种：一是美索不达米亚平原上的苏美尔人创造的楔形文字，约在公元前3000多年；一是古埃及的圣书字，约在公元前3000年前已经很成熟了；再一个便是方块汉字，约在3000多年前已经产生。

这三种文字，只有汉字越过了漫长的岁月，其他两种文字都湮没在历史的尘埃中，没有人使用，也很少有人懂得了。为什么汉字在中外文化的撞击中，经历了各种流变，却始终保持着固有的方块字的形态呢？它亘久不绝的强盛的生命力源自哪里？人类几种主要文字中，汉字是唯一在现代最活跃的古老文字，它的历史功绩是绝对不能被抹杀的。

第一，汉字是人类目前唯一超越时代、超越方言的文字。

拼音文字是如今世界语言文字舞台上的主角。据说现在世界上有5651种不同的语言或方言，其中70%还没有相应的文字。目前使用人口超过6000万人的大语种共有10多种，使用人口在100万人以上的语言达100多种。以欧洲的语言文字为例，罗马帝国解体以后，拉丁语渐次衰亡，欧洲各地的人纷纷用拉丁字母拼读自己的方言。于是逐步形成了意大利语、

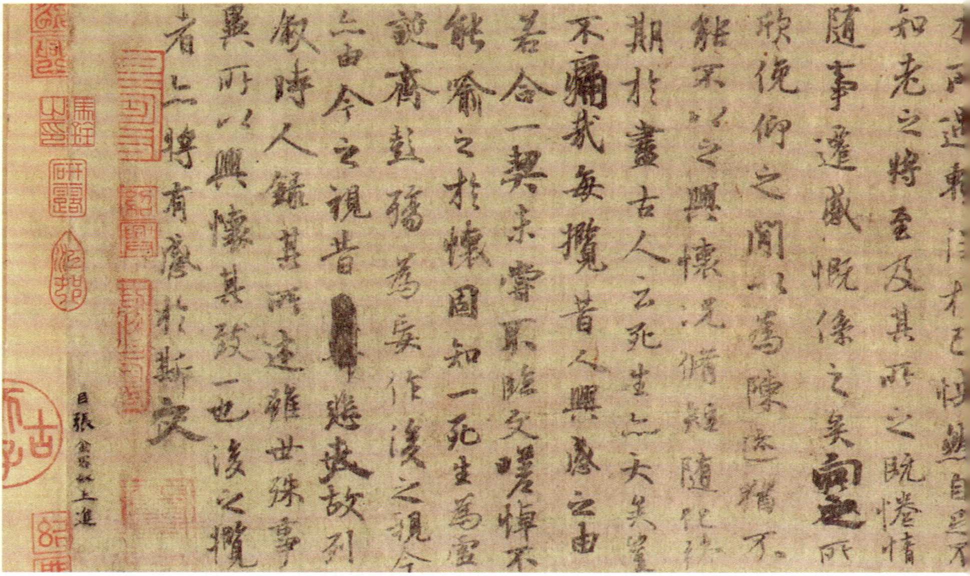
唐　虞世南摹　兰亭序
王羲之的《兰亭序》、颜真卿的《祭侄文稿》和苏轼的《黄州寒食帖》并称“天下三大行书”

法语、西班牙语、葡萄牙语、罗马尼亚语等。拉丁语的不同方言分化成独立的语言，欧洲也变为 40 多个国家。今天，不懂英文的西班牙人很难在英国生活，尽管他们的祖先曾经都使用过拉丁语。一个不懂拉丁语的英国人倘不借助翻译便读不懂《俄狄浦斯王》或《荷马史诗》，而这正是用他的祖先使用的文字写成的。不仅如此，用 500 多年前的英文写成的书，现代的英国人只有专家能读懂，而一个中国初中生就可以基本读懂 500 多年前用汉字写的小说。《三国演义》《水浒传》《西游记》这些名著能做到妇孺皆知、耳熟能详，便是因为大家都能读得

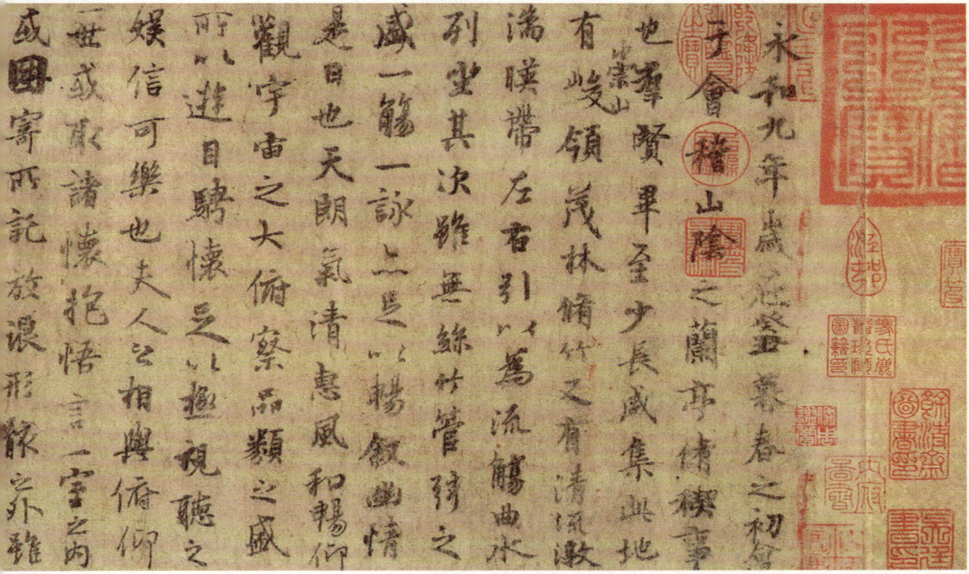

明白。一个中国高中生，借助工具书，就可以粗略读懂 2000 多年前用汉字写的书，如《史记》等。因为汉字音与形的联系没有拼音文字那样密切，悠久的岁月虽然让古今读音产生了变化，而字形字义却相对稳定，一个现代人可以凭借汉字与古代的先贤对话。汉字这种超越时空的特征，将古今信息融集于文字，成为传播中华文化的重要手段。

尽管中国有不同民族的语言，单是汉语的方言，就可分为十大方言，然而中国人凭借着汉字，便可越过语言的阻碍进行交流。一个广东人只要识字，便可在哈尔滨通行无阻；一个不

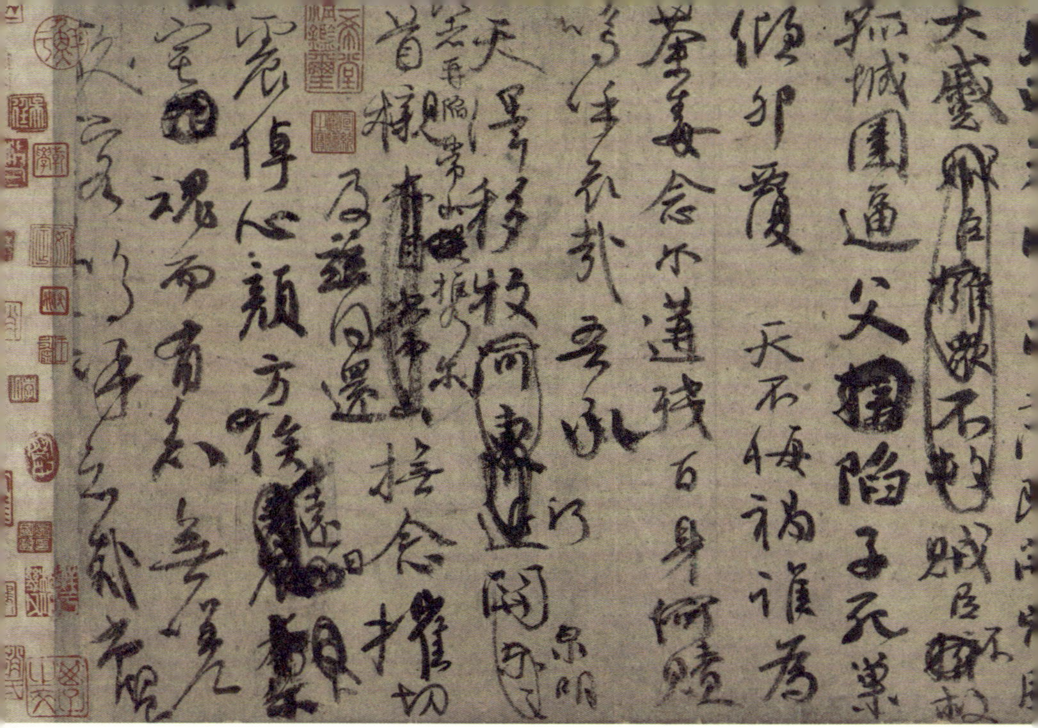

唐　颜真卿　祭侄文稿

懂粤语的北京人，只要粗通汉字也可在香港、广东愉快生活。中国能保持一个多民族的统一国家，汉字有不可估量的作用。

汉字，是中华民族修建的文化上的“万里长城”。

第二，汉字是信息量最大的文字。

汉字是义音兼表的语素音节文字。这一特性使得每一个汉字都仿佛是一个集成信息块。汉字具有形、音、义三个要素，每个汉字都是形音义紧密结合的统一体。

大部分的转注字、形声字的字形结构中都有义符和声符

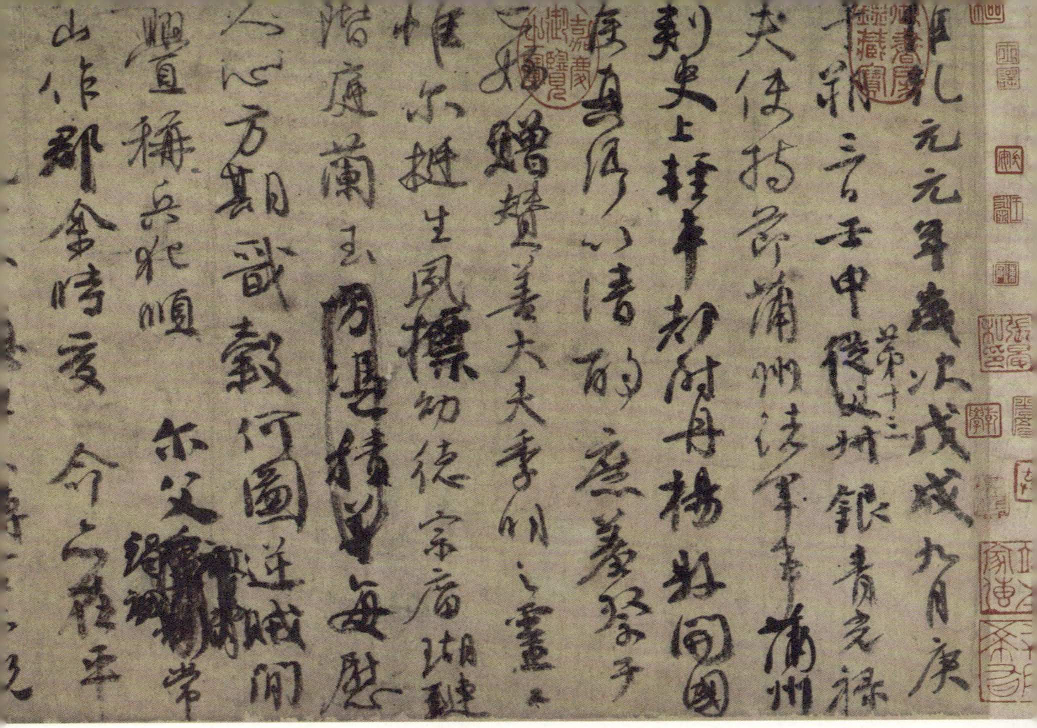

的偏旁来提示字义和字声，让即使是不识此字的人也能获得字义、字音两方面的信息。所谓“秀才识字念半边”，虽不中，不远矣，就是这意思。比如：“湖”，就有三点水“氵”提示此物与水有关，而“胡”则提示此字的读音。即使粗识汉字者也不会把它想为茶壶或胡子，更不会读成“河”；“燃”字也有“火”字旁说明它的字义，而“然”则提示它的读音，于是人们明白了“燃”是“烧”的意思。

汉字的信息量大，还因为它是中国历史文化组成的一部

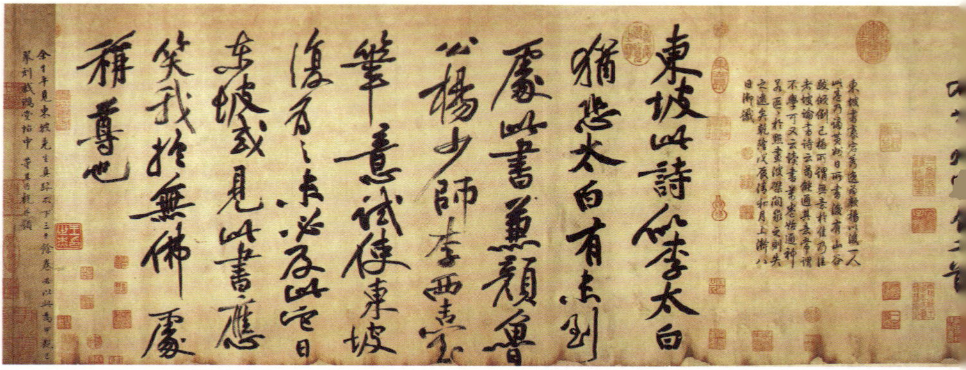

宋　苏轼　黄州寒食帖

分。大多数汉字发展变化的历史，几乎都凝集着中华民族对一事物认识的流变。汉字中几乎给所有木本植物的名字都加了一个“木”字旁，给草本植物加了一个“艹”字头。这说明了先人对植物分类学的认识和水平。

所以，用汉字做书面语言要比用其他语言简单得多。有人做过调查，联合国每个决议案的六种文本（汉语、英语、法语、俄语、阿拉伯语、西班牙语），中文版本最薄。学习汉字就等于掌握大量古今的文史信息。一个汉字就是一块文史的活化石。人类的文字只有汉字才可能如此。

第三，汉字有极强的衍生能力和构词能力。

据统计，汉语普通话只有 415 个音节，算上声调也只有 1300 多个，大大少于有 1 万多个音节的英语。但是汉语的语素极为丰富而且基本上是单音节，于是有了大量的同音语素，

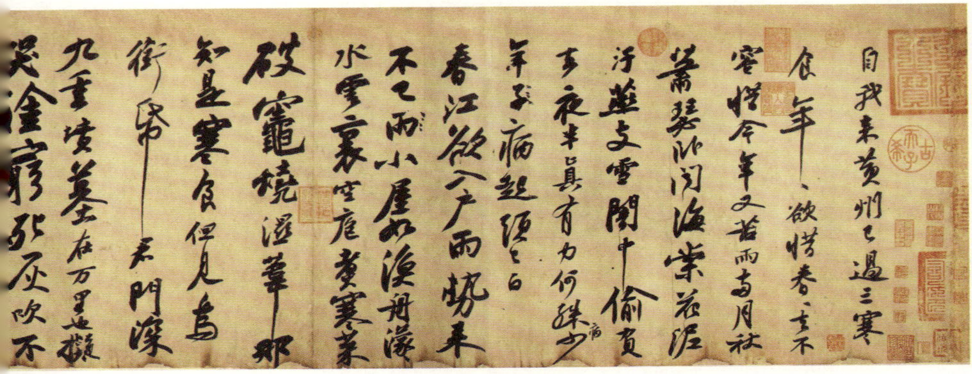

这就为造字提供了客观需要的基础。为了区别同音语素或表达同音不同义的语素，就得大量造字。于是用六书为不同语素造出不同形体的文字。汉字笔画偏旁多，组合形式多，保证了大多数汉字都是一字一个语素。于是汉字从古至今，书面语记录语言的准确性就达到了极高的境界，也使得汉字为数众多。唯其多，才能准确而又妙趣无穷地传达出中国悠久的历史文化。

原来汉字中多单音词，后来渐次演变出复音词。如今，复音词已成现代汉语中的主体。汉字以联合（如：优良、波浪）、偏正（如：电车、象牙）、动宾（如：散步、举重）等多种形式组合成复音词，以适应社会生活的发展。汉语这种极强的造词能力使它具有极强的生命力。

第四，字形区别性强，便于阅读记忆。

汉字的基本笔画只有八种，但笔画的变体与组合可以千计，而上千的独体字义可以彼此组合成以万计的合体字，并绝无重复。这种区别性强的特点就形成了易辨认易阅读的优势。有学者做过调查，在现代高速公路上，人在以时速 80 公里行驶的车辆中，可以瞬间认清路边标志牌上的汉字，而下面的罗马数字则难以认清。日本学者指出识别一个汉字的时间为千分之一秒以下。

信息量大、易阅读的汉字，在同一时间里所获得的信息显然要超过拼音文字。在现代科学研究中，有 30%~40% 的时间用在阅读文献中，因此汉字的优势肯定会受到重视。

方块汉字颇似图形，显然比纯粹的符号容易记忆，何况许多汉字无论偏旁还是整体都给人以丰富的联想。如：孕、岩、跳等。这种容易记忆的优势是拼音文字无法比拟的。

第五，汉字是“复脑文字”，有利于右脑开发。

根据神经心理学家的研究，人脑处理拼音文字时，主要使用语音编码；而处理汉字信息时，除了语音编码外，还要使用图形编码。语音编码主要使用左脑，先经过语音处理再了解意义；而图形编码是不经语音处理直接了解字义。这种处理方式主要通过人的右脑神经通路。汉字既表意又表音，因此处理汉字信息要左右脑兼用。据说汉字书法与右脑关系更密切。因此，学者称汉字为“复脑文字”，利于人的左右脑平衡。

第六，汉字书法是世上独一无二的艺术。

在汉字的使用过程中，逐渐发展出一种独特的线条艺术，

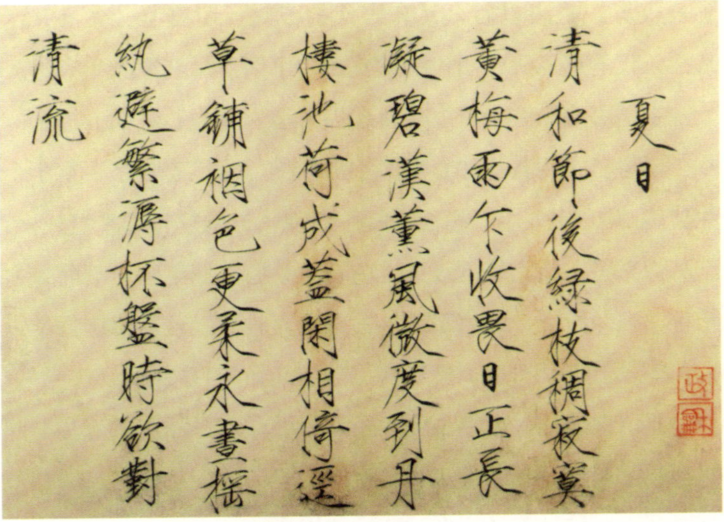

宋　赵佶　夏日诗帖

这便是汉字的书法。汉字的书写和印刷可横、可直，可左起、可右始，序列灵活，方便自由，讲求布局。这些优势是拼音文字难以企及的。

中国的书法艺术，古代主要是或刻或写在兽骨、铜器、竹木、丝帛之上，而现代则是书于纸上。现代书法在毛笔、宣纸、水墨三者的关系上，从实践中创造出各种技法，达于不同的艺术境界。自古至今，无数的书法大师成就了难以胜数的书法杰作。甲骨文、金文且不去说，自汉魏以来，有晋代的王羲之，唐代的欧阳询、虞世南、褚遂良、张旭、颜真卿、怀素、柳公权等。隋唐以后，又有宋代的苏轼、黄庭坚、蔡襄、米芾，元代的赵孟頫，明代的董其昌，可谓群星璀璨。

中国书法有四个基本要素，即形势、骨力、气韵、神采。

形势者，观其整体布局，字形结构，运笔态势是否富于个性与美感。“文人字”指于篇幅中表现其书卷气与大家气。

骨力者，指其笔画线条之内在力量感。倘笔画花哨而笔力无骨，细如游丝，则为下品。书法崇尚骨气，这与传统哲学中文人重风骨气节有关，这是评价书法作品的重要标准。

所谓气韵，是指字、行、篇之间的联系、呼应、节奏与韵律感。字断义不断，行有距而气脉一以贯之，有起伏、跌宕，节奏感强，这是不易达到的艺术佳境。

神采之谓是说综合上述三点，整幅作品所宣泄出的风采，让人读了心神飘摇，深入其艺术境界。

书法之美还在于书者的整体素养综合能力要强与深，心态端正，有达意之思而无哗众之心，不阿贵不媚俗，对汉字抱有一种崇敬心，技法自然也要高超。这并不是很容易做到的。

中国书法与哲学、道德观相契合，崇尚自然、朴拙、刚健。这种艺术是中国知识分子内心素养与精神境界极好的表现。所以，书之为道，已经脱离了单纯的技法而成为锤炼品德的艺术劳动了。

汉字自然也有缺点，如字数毕竟太多，即使只学习《现代汉语常用字表》里的常用字 2500 个、次常用字 1000 个，也是不小的数目；汉字字形结构复杂，给初学者带来困难；字音难读，即使90%是形声字，也还有10%左右的象形字、指事字、会意字、转注字、假借字不易读出字音，而准确表音的转注字、形声字现在只有近1/4，加上一字多音，就更加大了读音的难度；字义比较复杂，由于汉字历史长，古今表意有所变化，因此，有的字一字多义。

但是上述四个缺点，大多与优点共生。如果没有字形复杂的毛病，也就没有了汉字衍生能力强的优势；没有汉字偏旁表音不全的缺点，也就没有了汉字跨古今、越方言的优点。何况汉字还在发展变化之中，它无比的优势肯定会在渐渐缩小的缺点之上继续发展，它的前途是无可限量的。

叁

汉字的前途

汉字曾有过上下起伏的命运。几千年来，汉字一直被视为圣物而受到民族的尊崇，“敬惜字纸”几乎有宗教式的虔诚。百多年来，印欧文字传入中国，于是有汉字与拼音文字之比较研究。近代，中国之所以教育不昌、科学落伍、国力日衰、耻辱不断，其病根之一在于方块汉字之说甚嚣尘上，汉字的难写难认成了中国落伍的祸根。于是有人断言汉字为落伍文字，迟早会被拼音文字所替代。电脑的出现似乎更证实了这一论断，方块汉字似乎正面临着一场灭顶之灾。

20 世纪还未结束，忽然柳暗花明，电脑汉字信息处理技术的重大突破使汉字由落伍、垂死，一变而为“21 世纪人类最科学的文字”。是耶，非耶？！

相比其他文字，汉字的易阅读值更高，这已经得到举世公认。近年在北京与美国芝加哥市一、三、五年级小学生中进行的阅读调查中，已经发现了中国儿童学习汉字，阅读水平高于同年龄美国儿童学英文、阅读英文水平的总趋势。中国儿童学习语文的过程大致是先难后易，而美国儿童学英语大致是先易后难。这种跨文化的调查，反映了汉字易阅读值高的优势。这种文字当然具备信息社会所要求的基本素质。它具备稳定的系统性、超越历史的特点，适合长久地保存历史文化。它极强的衍生能力，能够适应科技的发展。

有科学家指出：第一，汉字是单音节语言，比拼音文字更具保真能力，所以汉字语音信号可以迅速进行频谱分析与处理；第二，汉字单体书写，千姿百态，有利于技术上模拟形象鉴别；第三，汉字的结合逻辑与现代科学的逻辑几乎相同，在组字、表达科技思想上具有无限的表现能力；第四，只有 415 个音节的汉语显然比有 1 万多个音节的英语更适合与声控电脑联络。

科学无论怎样进步，出现什么新的语素、事物，汉字都可以表现。比如，居里夫人发现的元素，就被汉字准确地表示为“镭”。汉字信息量大、超越方言的优势是无可替代的，什么文字也无法像方块汉字那样表达汉语。正因为用拼音表现方言才出现了多种多样的文字，但如果企图用拼音文字代替汉字，用统一的拼音取代方言，自然是行不通的。

况且，方块汉字是中华民族的骄傲，是汉字文化圈的特性之一。它对加强中外联系、加强中华儿女的团结，有不可替代的作用。怎么可能让汉字消亡呢？如今，汉字文化圈以及其他语系的人民在科技、经济的发展中都看到了汉字的优势，掀起了一股“汉语热”。对汉字的再认识势必会成为一种热潮。

现在，来读两句描写风景的联语，这是以汉字的组合写成的。读过之后，你就会体会到汉字之奥妙了：

“白水‘泉’边女子‘好’，少女更‘妙’；

“山石‘岩’下古木‘枯’，此木为‘柴’。”

第二章

传统的宇宙观、伦理与道德

汉画像石　孔子见老子图（局部）

中国是古老而又年轻的国家。中华文明是古老而又现代的最具连续性的文明。它从诞生至今，从未泯灭。因为它有坚固的根基，文明的根系深深扎进岁月的土壤，滋养了中华民族的森林，使其广阔而又青翠。假如说中华民族犹如一个巨人，那巨人之魂便是深邃而幽远的。中华文明的核心，便是中国传统的宇宙观和维系民族的道德价值观。

壹

传统的宇宙观

“世界”这个词语或概念来自佛学。古代的中国更多用“宇宙”来表达无穷无尽的天地时空与万物。

宇宙是什么？人和宇宙的关系应当是什么样子的？这是中国古代哲学中最基本的范畴。从西周的周公直到近代的章太炎，几乎所有的重要思想家都把研究“天”和“人”的关系摆在极高的位置。

宇宙观

“盘古开天辟地”“女娲补天”只是神话。宇宙究竟是什么样子，必须给予哲学的回答。古老的答案从来都认为宇宙是某种超自然的力量——神的意志的产物，又受神的主宰。在中国第一个从自然界本身来解释宇宙而不求助超自然主宰的意志的哲学家，是春秋时期的思想家老子。

宋　绣老子像（局部）

老子姓李名耳，字伯阳，楚国苦县（今河南鹿邑东）人，生卒年已不可考，约生活在公元前571至公元前471年之间，只知道他做过周朝的“守藏室之史”，相当于今日国家图书馆馆长，必定看了许多别人通常看不到的典籍和文物，有别人不可企及的知识素养，熟知兴亡衰替的沿革，谙掌故，悉礼制，所以才配称作“老子”。

老子长于孔子。孔子曾经求教于老子，老子赠言给孔子，要他谦虚谨慎，勿骄勿躁，很有点师长的样子。老子的道学后辈同孔子的儒学后生曾在治国之道上发生激烈的论争，但老、孔之间还是有挺不错的私人关系，彼此尊重。后来，周王室衰败，老子避祸隐居，西行秦国。那年他路经函谷关（今河南灵宝市东北），关令尹喜强留软扣非要老子写点留言不可，老子遂写了《道德经》（后世又称其为《老子》）一书。老子写完这本书，骑上青牛，飘然而去，从此不知所终。

1. 老子的“道法自然”

老子说，道是天地万物的本原，无始无终，道即自然，自然即道。道这东西，自身就是存在，无恃于其他事物的意愿与主宰。所以道是无限的，无处不在，无处不有，道的运行是自由的、必然的，完全由自身的规律所决定。道生万物，宇宙间的一切都来自道。道是宇宙的母亲、父亲。

老子认为，宇宙是一个大环，环中充满着运动的气。大至不可量数的星系，小至最小最小的粒子，山河大地，草木禽兽，都是环中气化之物。也就是说，自然界的一切都是自然界本身的产物，无天帝，无神祇，无超自然的力，无道外之物。这种天道自然观产生于2500多年前，先贤睿智的光芒穿越时空，不能不使后人肃然起敬。

按照这种看法，人类也是自然界的产物，是自然界的一部分。这正与《易经》内容相合，即“有天地，然后有万物；有万物，然后有男女；有男女，然后有夫妇”。

老子借“道法自然”说出一个平常而又深刻的道理，即宇宙中万事万物，包括社会与人，都有

印在绢丝上的《老子》作品

“自然”这种本性。只要“圣人”即理想化的统治者“守道”，那么臣民就会按照“自然”本性化育自己，并按照“自然”本性安于臣服的地位，这便是老子的“道法自然”在现实层面上的显示。

理想的人，组成理想的人群；理想的人群又组成理想的社会；理想的社会同生生不息的自然界组成一个完整的宇宙。这便是中国先贤对美好世界的描述。这种描述难道不是整个人类对美好世界的概括吗？

从老子“道法自然”的学说，可以逻辑地引出人类要遵从自然的法则，不能总向自然索取的观点。

因此，破坏自然、违背自然规律的言行、准则是错误的，将给人类社会及自身带来不可估量的灾难。于是“顺天应人”的思想成为中国传统文化中宇宙观的主流观念和文化建构中的重要思想支柱。

“天人合一”的思想同时也有浓重的敬天保民的意识。中国文化中早就有重人事的思想，把人看成与天相齐，是天的一部分，而不是天的奴仆。中国古代重要的思想家，如老子、孔子、庄子、墨子等都不承认有至高无上的“上帝”，这种重视人的思想是中国传统文化中的精华部分。不过，中国文化中所说的“人”更多的是指人的群体，即“民”。中国文化中多“民本主义”而少“人本主义”（并不是没有人本主义，儒家讲“修身、齐家、治国、平天下”就是把个人的修养摆在第一位的）。

梦蝶图（局部）
旧传为元代刘贯道所作

2. 庄子的人与自然和谐

既然要天人相谐，人群就应当顺应天时，不破坏自然界的规律。“四时得节，万物不伤，群生不夭……莫之为而常自然。”（《庄子·缮性》）庄子甚至幻想一个人与鸟兽虫鱼、人与草木山川相谐共处，一起嬉戏，共存共荣的美妍无比的社会。他那上下纵横、飞扬恣肆的文笔与想象力激起了多少代后辈的遐思与憧憬。今天，当人们为因不择手段的“发展”遭到破坏的生存环境而悲哀的时候，当认识到自然界正在无情地惩罚人类的以怨报德而悔恨的时候，当意识到因一味重视物质文明的进步导致成种群成类别的动植物消失而伤痛不已的时候，人们或许从高天的长风里听到了来自遥远的2000多年前中国先贤发出的

智慧的呼声。他们早就指出了后世的悲剧，他们早就神采飞扬地向人们宣示：自然界与人类生存在一个共有的大家庭里。

当然，老庄的学说不能与今日的“环保学说”作等量观，但“道法自然”即“道法道”的思想是具有超越性智慧的学说，是无可否认的。

老庄的学说，一方面表现了中华先贤对美好社会的理想，另一方面也显示了中国先人在人与自然之关系的研究上达到了极高的境界。

当然，从理论的层面来看，中国先贤的宇宙观还有不缜密的地方。但从古代哲学史的角度看，中国先贤的思想所达到的高度和对后世各个领域的影响，是不可估量的。至今，不少国际学者还在激情满怀地研究中国文化对世界的认识和天才的概括与猜测。

老子生活的时代正是佛教创始人释迦牟尼生活的时代（约前 565~ 约前 486 年）。释迦牟尼也认为现实世界的一切并不是超自然力量的造物，而主张“缘起性空”。难怪佛教东渐走进中国之后，获得空前的认同。稍后诞生的大哲学家苏格拉底（约前 469~ 前 399 年）主张神学，但他的道德观也给后世以深刻影响。

那时候真是哲学家最活跃的时代。

在对宇宙的认识上，中国传统文化中的辩证思维是另一个重要的思想支柱。周朝先贤早就创制了《周易》，认为对立的两极构成统一的宇宙，世间万象可以引起质的变化。“九层之台，起于累土；千里之行，始于足下”，“祸兮福之所倚，福兮祸之所伏”。老子的这些名言，将在汉语的宝库中，在现实生活中永存。

当然，当时对条件在发展与转化中的重要性认识不足，也缺乏对于转化过程中矛盾斗争的重要性的认识，老子的辩证思想只是一种朴素的原始的辩证法。老子的后学庄子，一面继承了这种辩证思想，“安危相易，祸福相生”，一面又将这种思想推向极端，认为一切事物都是暂时的存在，栽倒在相对主义和宿命论的坑里。他著名的《齐物论》，就表现了这一点。

不过，关于对立两极组成统一世界的天才的宇宙观和方法论，至今仍是许多科学家研究课题时的指导思想。中国古代的认识体现在当今许多最尖端最先进的科技思想之中，这思想的光芒穿透了几千年的云雾。近代以来，老子在中国虽遭到过如孔子一样的命运，也被泼上许多污水，但是时代的风正吹走乌云，廓清迷雾，老子、孔子、孟子、庄子和一切智慧的先辈正以本来的面目重现云端。认真地探讨和发掘老庄的思想智慧和超越精神，这是时代的使命。

贰

关于理想社会的学说

百家争鸣　百花齐放（诸子百家学说）

春秋战国时代，诸子百家各有所成，每一派都对理想的社会提出自己的主张。

老子说，理想的社会应当是“小国寡民，使有什伯之器而不用，使民重死而不远徙。虽有舟舆，无所乘之；虽有甲兵，无所陈之；使民复结绳而用之。甘其食，美其服，安其居，乐其俗。邻国相望，鸡犬之声相闻，民至老死不相往来”。他主张“无为而治”，说“无为而无不为”，无为正是有所作为。

庄子一面继承老子的思想，另一面比老子走得更远，主张“顺其自然”。

墨子认为理想的社会应当实行“兼爱”与“非攻”。“兼爱”就是主张无差别的爱，很有点“人人都献出一点爱”的意思；如果不相爱，就要打仗，就有侵略，因此，要“非攻”。不打仗，就必须相爱，“兼相爱，交相利”。博爱主义早在2000多年前的中国就有了“旗手”——墨子。

韩非子主张法、术、势结合造一个理想社会，提出“法不阿贵”，“刑过不避大臣，赏善不遗匹夫”，是“法律面前人人平等”学说的最早提倡者。帝王要会用权术，臣下要遵法度。

术与法的后台是“势”，即政权。有了政权，会用权术，要被治者遵法。他的“法治”是治民而非君民一齐治。所以，在他理想的社会，百姓都得战战兢兢，畏威而归利，听从君王的统治。

孔子学说——中国传统文化的主流派

中国传统文化中关于理想社会的学说，主流派是孔子创立的儒家学说。

1.“礼”与“仁”

孔子（前 551 ~ 前 479 年），名丘，字仲尼，其先祖原为宋国的贵族，后避祸于鲁国陬邑（今山东曲阜东南）。他 3 岁时丧父，17 岁时丧母，年轻时日子很不好过。虽然他当过司寇这样的高官，但他也看管过仓廪，管理过牛羊。他深谙和谐声音之妙，十分重视能吟能唱的“诗”。可见这位哲学家、政治家、教育家，还是个文艺家。

孔子认为人类最美好、最理想的社会，便是“大同世界”，

明　吴彬　孔子杏坛讲学图（局部）

即由无数个个性以合理的秩序组成的统一和谐的社会。在这个社会里，人人都能施展自己的才能，老有所终，少有所养，其乐融融。应当说，这个理想的社会，也是今人所追求的。人类对美好社会的向往也不过如此。2000 多年前一个中国哲学家对人类崇高理想的描述涵盖了今天人们的追求，使我们不能不仰视这位先贤。

孔子学说中的核心是"礼"与"仁"。

"礼"是一种政治秩序，是行为规范，是"大同世界"秩序的具体化。孔子研究过夏、商、周三代的礼仪典章而又对其有所损益。所以，孔子说的周礼，已不复是西周的原版礼仪，而是经过孔子修订的东西。孔子提倡礼，可以看成是提倡随时代变化而不断增减损益的礼仪典章，或必需的社会秩序的表现形式。

"仁"是最高的道德规范，也可以看作是"礼"的灵魂，是人际关系应有的标准，即互相亲爱。"仁"是孔子思想的最高范畴，是规定人们世界观、人生观、价值观、伦理观以及人格、心理结构和思想境界的核心范畴。

2. 大同世界

怎样实现"大同世界"的理想社会呢？

孔子认为必须建立一种正常的秩序。"君君，臣臣，父父，子子"，即君臣父子各按其身份遵从自己的道德原则和礼仪，而克制不合于自己身份的欲望、言行，这就是“克己复礼”。而“克己复礼为仁”，“一日克己复礼，天下归仁焉”。只要做到克己复礼，遵从各自的行为规范，那么仁政也就到来。“仁者，爱人”，一个互相亲爱的仁政社会就会因为克制私欲、遵从秩序而得以实现。

“君君，臣臣，父父，子子”，当然是为统治阶级而设想，要臣子遵从君与父的。不过，也可以看作倘君不君，则臣不臣，给铲除暴君、推翻苛政的行为留下了反叛的理论武器。因此，后来儒学的继承者孟子就从这里出发，在主张“仁政”与“礼”的同时，提出了“民贵君轻”的“民本主义”思想。“民为贵，社稷次之，君为轻”，不但把君放在人民、江山之后的第三位，而且还主张“暴君可诛”。可见儒学理想的社会，是不包括苛政和暴君的，而是主张和谐有序、仁爱守礼的。

“君子和而不同，小人同而不和”，那些在尊重个性基础上创造和谐整体的人，是正人君子，真正的人；而那些只为了同一而忽略个性、抹杀个性的人是不可与之为伍的小人、不正派的人。这是多么旗帜鲜明的爱憎，多么美好的理想！

当时孔子关于“大同世界”的理想不可能实现。孔子 22 岁开始当教师，相传他有弟子三千，得意门生七十二人。他曾带学生周游列国推行他的主张，却得不到回应。晚年回归故里，编纂书文，把当时重要的文化典籍进行集中整理，对中华文明有莫大的功绩。

清　焦秉贞　孔子圣迹图之作歌丘陵（局部）
鲁哀公十一年，鲁国执政者季康子派人将周游列国 14 年的孔子迎请回鲁。当时已是 68 岁的孔子回到阔别多年的故国，作丘陵之歌，以发感慨

康子以幣迎歸魯作丘
陵之歌曰登彼丘陵峛
崺其陂仁者在邇求之
若遠遂迷不復自嬰屯
蹇喟然回顧題彼泰山
鬱確其高梁甫回連枳
棘充路陟之無緣將伐
無柯患滋蔓延惟以永
嘆涕霣潺湲

明　仇英　孔子圣绩图之子贡庐墓图（局部）

孔子去世后，弟子守坟三年。三年服满，众弟子相诀而去。唯有子贡在墓侧结庐，又守墓三年鲁哀公十六年（前 479 年），孔子 73 岁。这一年春天，他病倒了。他的学生子贡来看他。孔子拄着拐杖站在门口，望着初升的太阳，轻轻责问子贡为什么这么晚才来。他低低地喟叹着，吟唱道：“泰山啊，你是要倒了吗？梁柱啊，你是要摧折了吗？哲人啊，你就要像草木一样枯了、烂了、委顿了吗？”他吟哦着，清泪从眼里流出，从此卧床不起。七天后，他真的如草木一样枯死了，遗体葬在鲁国都城之北，永远地枕着故国的乡土安息了。

孔子是中国古代最具世界影响力的思想家。不论他人如何毁誉臧否，他的名字与思想都会长留人间。只要这世上还有人类，就会有人记起他的名言和他关于人类社会美好的理想。

叁

传统的伦理和道德价值观

自然界的和谐是遵从一定的秩序运行而达到的。春夏秋冬，顺应天时，农业才可获得理想的收获。违背了合理的秩序，便农事无收，人际紊乱。因此，在理想的国度必应有理想的社会秩序。一定的等级、制度、法律、人际关系、道德准则是理想社会所必需的。基于这种认识，中国文化中产生了独有的伦理观念。

伦　理

所谓伦理，就是人际关系的准则和价值尺度、道德规范。

中国的先贤认为，家庭是社会的最基本元素，而家庭是建筑在血缘关系之上的。因此，父子关系是人际关系中最核心的部分（这里突出地反映出父系社会的特点）。由此扩大，产生了夫妇、君臣、长幼、朋友之间的关系。君臣、父子、夫妇、兄弟、朋友，称为五伦，大体上包括了社会上各种各样的人际关系。中国先人对社会关系这“五伦”的概括，产生于2000多年前，不能不说是天才的论述、智慧的总结。直到今天，人类社会的各种关系也大抵未能超越这五伦。

西方文化中少有五伦的观念，人总是以个体的形态同家庭、社群、社会相处。它的长处在于尊重个体的自由与权利，不足之处也是明显的，即家庭的凝聚力不足，于是松散的家庭所引发的社会问题成为社会学家的头等研究课题。

对于五伦关系的规范，随着社会发展变化而有所发展、变化、补充，但几千年来，大体上都遵循着“和”的原则、“仁”的标准。也就是说，五伦关系以和谐、融合为上，彼此相爱相亲。

人们同时具有多重身份，为父者同时是人之子，长者对更长者又是幼者。因此，人们要同时具备多种行为准则和价值观念，不断地适时地转换角色，在不同场合因身份不同而表现出不同的言行。在这种多元、多层次、多侧面的、复杂的社会中，把一个繁杂的社会关系概括为简明的五伦，实在是中国文化对家庭消失以前的人类社会结构最精确的描述和分析。

和谐的五伦，构成和谐的社会。所以，伦理观念是中国先人对理想社会最具体的勾画。

伦理的价值标准也是判断道德的简明的尺度。违背伦理标准就是不道德，全社会都可以声讨。中国几千年来之所以有绵延不绝、相对稳定的优秀道德观，伦理观念起着巨大的作用。例如，不孝顺父母，不敬重老人，对朋友无义无助，无论在什么社会制度下都是中国人绝对不能认同的恶行，这与伦理观念的薪火相传有着直接的关系。

伦理的价值标准，也是造就杰出人物的道德熔炉。“富贵不能淫，贫贱不能移，威武不能屈”“先天下之忧而忧，后天下之乐而乐”的英雄，其伟大的人格正是在伦理观念的陶冶下铸成的。那些光灿耀人的英雄也为中华民族的道德观和正确的伦理观树立了千秋不灭的榜样。

仁、义

孔子对民族、社会道德提出了一个核心和最高标准，这就是“仁”，他期望以此来规范民族的价值标准。应当说，他的这一呼唤是颇为深入人心的。

“亚圣”孟子（约前 372~ 前 289 年）在这个基础上有所发展。他提出以“义”作为民族道德的核心和最高标准。他的这一主张成为此后 2000 多年来中华民族的道德准绳。

孟子像

孔子的“仁”可以对苛政暴君进行批判，孟子的“义”却可以逻辑地发展到“暴君可诛”。

“义”，就是正义，就是合理的、正确的准则。这些准则固然可以随时代的变革而增损，但也相对稳定。孟子将“义”视为最高的精神境界，为了“取义”可以“舍生”。“舍生取义”就成为人的最高行为准则。一个人有这样的追求，他便是个高尚的人；一个民族有这样的追求，这就是个伟大的民族。“舍生取义”，视原则比生命还宝贵，这对中华民族追求崇高的个性有重大的影响。

自从以“义”为核心之后，中国人便将各项美德都归在“义”的名下，如“仁义”“道义”“礼义”“信义”“忠义”“廉义”“德义”等。“重义”成为中华民族道德气节的标准，与“重利”相对立，中华民族和中华文明从未被异文明所湮灭，与“舍生取义”的精神有莫大关系。

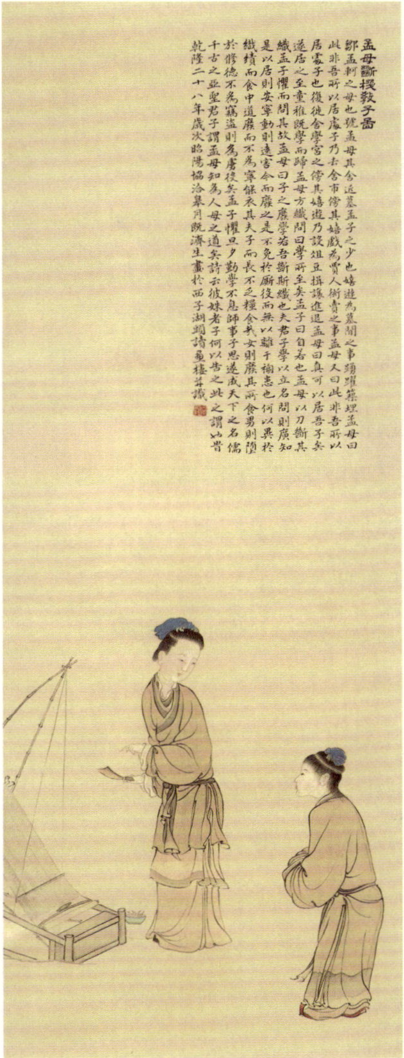

清　康涛　孟母断机教子图

但是，中国的伦理观念也有不足。例如今天有人说，五伦之外还应有第六伦，这就是人与社会的关系。因为部分中国人私德较好，而公德稍差。所以应有这第六伦理以规范中国人的公民意识。这或许是对现代社会中公德不彰、世风浮嚣的一种痛心的讽刺。

不过，伦理观念在长期的发展中也有过被改造、被曲解的时候，以致有悖先贤的初衷。五伦初倡，以“仁”为本，是主张互亲互敬互爱的，可是渐渐演变为只对父、对君、对师长、对丈夫的愚孝愚忠、绝对服从。五伦的价值观变为压迫统治臣民和弱小妇女的残酷天条。到两汉时形成“三纲五常”，更将原来互为依存的伦理关系，弄成一方压倒一方的关系，将一个温馨的理想的五伦关系扭曲成冷冰冰的教条的铁牢，而且还假借“圣人”之名，招摇着孔孟之道的旗帜，偷梁换柱，将“圣”与“亚圣”即孔孟所幻想的温情脉脉的仁的社会换成一个处处都是戒律的活地狱。因此，将这被改造得一无是处的伦理说成“吃人的礼教”、阻碍社会进步的巨石是完全正确的。五四运动的功绩正在于打倒这吃人的礼教。不过“打倒孔家店”却有些冤枉了孔子和孟子，今天应当对孔孟的伦理观念认真研究，损益扬弃，为时代与国情所用，使正确科学的伦理观薪火相传。

孔子的儒学不是依靠逻辑的推导得出某种思想的原理，而是用充满温情的劝诫让人感悟人生和社会的哲学，人生美好的境界便是“中庸”。在论说时，又常常以山水万象加以比喻。不仅他如此，连严肃的老子、活泼的庄子、激情似火的孟子都如此。中国古典哲学家以情动人，更具有诗人的气质，不是以抽象的理性示人，这怕是东方与西方古典哲学的区别。充满感情的儒学能让中国人接受并且长久传承，是值得外界加以探讨的。

1993年，世界宗教议会《走向全球伦理宣言》提出，将孔子的“己所不欲，勿施于人”列为人类伦理道德的金律。看来孔子关于“仁”的哲学正在被世界重新发现和再认识。

第三章

古老独特的生活方式

明　仇英　清明上河图（局部）

1920年，英国哲学家伯特兰·罗素在中国做巡回讲演，曾深有感触地谈起他对中国生活方式的看法。他说："中国人已经发现了一种生活方式，并且已经实践了不少世纪，如果它能被全世界所采用，它将造福于全世界。我们欧洲人未曾如此。我们的生活方式要求斗争、开拓、无休止的变革，不知满足以及破坏。被引导来实施破坏的效率只能在毁灭中结束……"

这位不喜欢孔子的儒学却欣赏中国人的生活方式的哲学家，以西方生活方式的特点来反证中国生活方式的主要特点，这便是和平、渐进、勤劳、俭朴等。这种反证自然不可能包含中国生活方式的全部，但还是比较合乎中国的传统的。

简言之，中国生活方式的核心，依旧体现"和"与"序"的观念，即和谐、有序。

壹

中国人生活方式的核心

——家庭

中国人的家庭

1. 家和万事兴

个人、家庭（扩大至家族）、社会的关系是任何社会都要重视的基本问题。从历史的实践来看，西方似乎是“个人—社会”，缺乏“家庭”的一环；而中国则是“家庭（家族）—社会”，缺乏至少淡化了“个人”一环。人类社会的进展似乎在提醒我们，这三者少了哪一环都不行。理想的社会生活方式应当是：“个人—家庭—社会”都和谐、有序。

中国的传统生活方式，在理论层面上是主张“个人—家庭—社会”和谐有序的，达于这理想的良策是“修身、齐家、治国、平天下”，而在实践的层面上却有许多弊病。

在中国传统文化中，家庭是社会的基本单元。整个社会被看作是家庭的延伸和扩大，而个人只是家庭的一分子，常常不被看作是“独立的单元”。在中国伦理中，父子的血缘关系又是核心部分。所以，中国的家庭实际上是一个以父子为中心的血缘关系的小群体。旧式大家庭有四世同堂或五世同堂，二世同堂者已经有新式家庭的味道，不过，其奋斗目标依旧是四世同堂。所谓四世同堂便是父母，子、媳（或女、婿），孙子、孙媳，曾孙子（女）聚集而居。若子、媳因兄弟

清末的一个大家庭

姐妹众多，分出旁户，也会在一位父亲的统率下和合而居。巴金先生的《家》曾揭露了这种旧式封建大家庭的罪恶。但从伦理的层面讲，这种家庭原是为了体现“和”与“序”的。

“家和万事兴”，“齐家”是“治国”的基础，这是中国的传统观念。不过只要家庭安宁、稳定、幸福，社会也就祥和，这似乎是普遍的真理。直到今天，温馨和睦的家庭依旧是绝大多数中国人最基本的人生要求和理想。

清　乾隆帝岁朝行乐图

2. 长幼有序

在中国的家庭中，处处体现着“序”，体现着传统的道德观。每个家庭成员都担负着几种角色，每个角色都有一定的行为规范、道德准则。为父母者，同时又是先祖的晚辈，是人之夫、人之妻，因此，要给晚辈树立敬老、爱幼、相爱、相亲、相敬的榜样。同时，他们又是社会人，还要表现出敬业、勤劳、谦虚、自爱自立、善于持家、坚守信义等优良品德，这样才能培育出好子女和模范公民。因此，家教历来为中国人所重视，“少调失教”“缺乏家教”自古至今都是对一个中国人极大的轻蔑。

清　孙温　绘全本红楼梦之赏中秋新词得佳谶

“序”的目的在于“和”。在家庭里，一切长幼秩序都是为了造成一个既缅怀祖先、慎终追远，又重视现在、爱护幼小，其乐融融、温馨可亲、团结和睦的家庭氛围。所有破坏这氛围的言行都被视为忤逆，这样的成员要受全体家庭成员的责难。中国人强调每个家庭成员在群体中的位置和作用，要求全体家庭成员协调一致。西方家庭成员间的关系类似“契约制”，整个社会人与人、人与社会都建立在“契约”的基础上。中国传统的亲情观念、伦理观念是否应当向契约关系转换，是需要人们慎重思考的问题。在商品经济社会中，中国人还能不能保持原有家庭传统的优良特性，关系到中华民族特质是否存续的大问题。

实际上，“老有所终，幼有所养”的中国家庭，早被西方人称羡。20世纪80年代一部描写中国普通农家生活的影片《喜盈门》在西方上映，获得了出乎意料的成功。许多人尤其是老人激动得热泪盈眶，渴望有影片中那位鳏居老人的幸运，同时向那孝敬公爹的儿媳奉上由衷的赞美。如今西方游客都对到中国家庭中生活几天极感兴趣，特别是那阖家吃饭的场面，以及那场面所流露的温情，让他们倍感快活。他们极愿意成为这场面中的一员，享受人间的亲情。中国家庭浓浓的亲情，是中华民族最可贵的情感之一，我们不应当抛弃这种优秀的传统。

家族——传承的纽带

家庭演化出家族，家族又扩大为社群。中华民族凝聚力的来源之一便是家族的纽带，“认祖归宗”至今仍是华夏儿女最强大的向心力之一。宗牒、宗谱学的复炽，海外各地华人族亲会、宗亲会的兴盛，都在表明日臻富强的祖国对华人华裔的召唤力和家族的凝聚力。重视家族是中华民族悠悠数千年的传统，一位杰出的先祖会使千百年后的晚辈感到光荣之至，无数仁人志士的后代无论怎样艰难也不愿做玷污祖先英名的丑事。漫漫历史长河，中国虽有不少以祖宗的名义犯下的扼杀先进、保护落后、推行愚昧，甚至卖国投敌的种种罪行，但更多的是继承优秀、缅怀先贤、继往开来、贡献一生的功绩。所以，家庭、家族的和睦稳定是社会祥和进步的保障。

中国的传统的生活方式有其优良的内核，正如罗素这位哲学家所说：“如果它能被全世界所采用，它将造福于全世界。”

贰

独特的饮食与保健文化

中国家庭吃饭的场面之所以令西方人感到格外激动，大致在于两点：其一是气氛。这是中国人吃饭时潜意识中最为重要的心态。中国人吃饭要有氛围，主要是和合之气，乐融融进入陶然。其二是食谱、器皿。中国人的食谱，确实丰富多样。许多吃食，西方人见所未见，闻所未闻，当然更没吃过。所以，好奇和初尝美味的快活组成持续不断的兴奋，这两点的结合形成中国家庭宴请西方人时笑语与美味搭配的风景线。

中国人食谱的宽泛是历史的产物。中国的先人由渔猎到畜牧再到农耕，食谱横跨动植物两界，从水里、山上、天空、洞穴、原野、树木上获得一切可食之物。“食色，性也。”在维持人类生存和延续种群至关重要的两大要求上，中国文化重视“食”，西方文化重视“性”，各有所长。中国的饮食文化经几千年的发展，已臻艺术佳境。

中国人吃饭正是体现“和”与“序”的最佳活动与场所之一。因此，中国人吃饭通常的规矩是以圆形为基本“载体”，有圆桌、圆碗、圆碟……取团圆之意、融洽之情，但又长幼、尊卑、宾主有序。入席时，年老者、尊贵者、主要宾客先入席，接着是最让人爱怜的幼小者，他可以受到特殊的照顾，可以与年老

元　钱选　十八学士聚会图（局部）

者比肩而坐。因为这正好形成一个伦理的循环圈。敬酒、布菜、劝饮、更换器皿，种种流程都以上位者为首。《礼记·礼运》篇中说“夫礼之初，始诸饮食”，认为礼仪最早是从饮食开始的，可见吃饭的规矩与中国的礼仪有极密切的关系。西方人的规矩是以女性为先，吃饭时要格外照顾女性是每一位男士起码的礼貌。中国菜吃法讲究很多，圆桌强调和合之谊，八仙桌则强调等级尊卑，吃起来就严肃、庄重得多，气氛就稍差。

中国菜已经达到出神入化的境界。单是菜式与器皿的搭配、上菜的顺序，以及饮酒时的酒令、猜谜、划拳、唱曲等，就有许多规矩，与中国文化、艺术紧密相连，更不要说厨师的刀工等技艺的当场表演。中菜将切割术留给厨师，发展成一门艺术。切削刻挖，因菜而异，每一道菜端上来都值得审美一番，食客一边欣赏菜的形式美，一边品尝菜的滋味美。

吃饭，还是中国人表现伦理亲情的地方，那种乐陶陶的氛围是格外感人的。许多游子日思夜盼，就是盼望在父母身边吃一顿妈妈亲手做的饭菜，享受一次温情。

中国历来重视烹饪术，甚至把它视作与治国同样重要的事情，“治大国若烹小鲜”。政治家从烹饪术中得到治国方策的启示。中国历史上第一位知名的贤明宰相伊尹便是厨师出身，他以“调和鼎鼐”之术治国，平衡各种因素，政绩斐然。“民以食为天”，中国传统文化已将哲学、文化、艺术都化进饮食，而饮食又成为一门独立的艺术，为世界展示了独特的文化。

中国的饮食文化历来被文人、艺术家所推进、发展。他们以自己的智慧创造这文化，发展这文化，也留下许多美味佳肴，如苏东坡的“东坡肉”、晚清官员丁宝桢的“宫保鸡丁”等。一些家庭菜式还正式成为自成风格的菜系，如“孔府菜”“谭家菜”等。一个真正的文化人，倘不谙饮食文化，不会做几道菜，在旧传统中会被视为不算完全的文化人。

中国菜还与四时节令有关。过春节要吃鱼，以示“年年有余”；吃饺子，是“招财进宝”；吃年糕，是“年年高升”；中秋节吃月饼，取“阖家团圆”之意；“迎客饺子送客面”，祝寿也吃面，谓之“长寿面”，面条越长越好，北京人谓“挑寿面”，取面条绵延之意。

“天人合一”“万物皆备于我”给中国食材开辟了大道。不要嘲笑中国人好吃，敢于吃一切可食之物，摄取各种养分，也是智慧与勇气。饮食文化是最难更易的习惯。因此，饮食文化也是中华民族凝聚力的来源之一。

中国的生活方式中还有一个极重要的部分，即养生。中国的养生文化正渐次在世界上流行。

中国传统文化中有个重要观念——“药食同源”。因此，在食谱中有许多药物。不仅有草本木本的花草与野菜，如：牡丹、百合、枸杞、地黄、当归、莲子、薏米、红枣、牛蒡等，还有动物的肉、脂肪、骨、血或内脏。如今，药用食补的观念也开始在全球流行，这不能不说是中国文化的贡献。

儒林華國古今同
吟詠飛毫醒醉中
多士作新知入彀
畫圖猶喜見文雄
臣京謹依
韻和進
明時不與有唐同
八表人歸大道中
可笑當年十八士

宋　赵佶　文会图（局部）

还有中国的武术，外国人称之为“Kung fu”（功夫）。许多中国人都会几下太极拳，这是中国人须臾不可离开的生活方式之一。中国传统在强身之道上强调“以静制动”“动静结合”，太极拳是其中的典型。中国武术以强身强心、交友为目的，是修身的方法之一，而反对害人、损人，更反对以武力炫耀、叛友背义，出卖民族与国家，这便是“武道”“拳道”，是所有习武之人应当奉为至高无上的原则的。

文化是种积累，饮食与养生之道也靠数千年的实践与理论的积淀而形成深厚的文化。

叁

生活方式的内涵与情趣

生活方式

1. 文化内涵

生活方式的内涵，主要有两种。按英国哲学家罗素的说法，一种是“斗争、开拓、无休止的变革，不知满足以及破坏”；另一种是顺应自然（所谓顺变），渐进、宁静、和谐。

这两种内涵，各有其利弊，都不能视成唯一正确。罗素早就在欧洲人的生活方式中发现了其内涵的不足。只是他太过悲观，对这内涵的积极一面看得不够。或许因为他在中国发现了他早已渴望的另一种内涵的生活方式，将中国人和平、渐进的生活说成最理想的生活，而想不到这种内涵很可能让生活变成如一潭死水般的宁静与雷同。日复一日，年复一年，没有变化的日子其实也很难过。罗素希望中国传统的生活方式在全球推广，其实，更好的办法是两种生活方式内涵的互融，各去其弊，积极而又祥和，这才是理想的社会。孔子说的“大同社会”“和而不同”类乎此。

中国人对日常生活的追求，在文化内涵上接近于道家的学说，倾向质朴。比较高雅的境界是居乡野与大自然融合，读书、弈棋、垂钓，行散于山林江渚之间，这是知识分子的追求；普通人则是“良辰美景，花好月圆”，包括了顺应天时、

宋　摹张萱虢国夫人游春图
张萱，唐代画家，擅长画仕女图。画中再现了虢国夫人一行盛装出游的场景

融合自然、协调万物、重视人伦（以“月圆”来比拟）四个基本要素。当然，也有人追逐金钱，锦衣玉食，花天酒地，沉溺声色，但这历来为中国人所不齿。一部分士人，则求显达求功名，将儒家的入世思想演化为利禄之说，于是“儒家思想”变成庸俗市侩的理论，而道家思想成为高雅不俗的学说。这只是后人对前贤的改造。不过，由此可以看出，中国人在生活方式的内涵上更崇尚道家。

既然要顺应天时，那就要重视节气，根据节令的不同，安

排与自然界相融合的生活内容。所以中国人的习俗总是充满与自然和谐相处的情趣，春日踏青，夏日观荷，秋日登高，冬日赏雪。让青草鲜花和习风澄水，红黄的秋叶和高远的天空白云，洁净的雪和朦胧的夕阳，一道混合成多滋多味的调料，天时、人际、万物融为一体，乐趣陶陶，诗意盎然。

2. 传统节日

中国的传统对节气、节日总是格外重视，它们是紧张劳动

齐白石　石门二十四景图之曲沼荷风图（局部）

中的休息。消闲的方法又总是以焕发出生命的韵律、欢乐、祥和为宗旨，即使祈福、祭神，也是以天、人交相呼应为内容，神仙是次要的，人的祥和才是主要的。

（1）春节

春节是中国人最重要的节日。一进入冬至，人们就开始了期待，待到腊月，过春节（又称过年）的序曲就开始了。腊月初八，要喝腊八粥。腊八粥是以各种杂粮、豆类、干果混煮的粥。以各种粮果煮粥也是丰收的象征。据说，腊八粥的来源与佛教有关。释迦牟尼在悟道前，曾苦行六年。后来他意识到苦行不是悟道之法，便接受了牧女送来的乳糜，后于腊月初八日成佛。这又是一个中外文化结合的例证。腊月二十三，谓之“过小年”，要祭灶王爷。灶王爷是民间封的神祇，有的书上说他姓苏名吉利，妻子王氏。北京的民谚说：“灶王爷本姓张，一碗凉水三炷香。”祭祀灶王爷与灶王奶奶，供品可繁可简，完全看主家的意愿与财力。有的上糖瓜，即麦芽糖，黏度很大，意思是说灶王夫妇吃了这糖就粘住了嘴，无法向玉皇大帝说民间的坏话；另外还有凉水与一碟草秸、料豆，是供灶王的马吃的；然后上三炷高香，将灶王夫妇从漆黑的灶间请下来，在铁盆中焚化，灶王夫妇就在跳跃的火光中升天向玉皇大帝汇报去了。这本是一种对“神”的愚弄，却出之以庄严，本身就是一种幽默。接着是腊月二十四，扫房子，有除旧尘、焕发新颜的意思。腊月二十五、二十六，

灶神

清　董诰　高宗御笔甲午雪后即事成咏诗

要煮肉；腊月二十七，杀鸡、烹鱼。经过几天快乐的期待，终于到了年三十。这天晚上按习惯要一夜不睡，谓之“守岁”，来迎接“年”的到来。接着“诸神退位”，人们单单把灶王爷请回来。灶王夫妇会在天上待七天七夜，领受天帝的旨意后重回人间，继续保佑一家在新的一年祥和平安。在中国人眼里，无灾即福，体现了中国人的宽宏。

（2）元宵节

过春节的庆祝活动要到正月十五日才完毕。正月十五又叫元宵节、灯节。这一天要吃元宵或汤圆，取团圆之意；舞龙灯、耍狮子，庆祝又一年农事的开始；各色的灯光，尽显中国平民的才智与期望。

汉武帝时，在正月十五祭祀太一神，通宵达旦，有灯火为饰，从此正月十五成为灯节。当佛教传入中国以后，又将印度僧众集体观看佛舍利放光的仪式引入中国。东汉明帝下令，在正月十五日夜于宫廷佛寺中燃灯敬佛，这大约是公元 67 年的事。那一年，古罗马皇帝尼禄正带领戏班前往希腊表演，同时下令镇压犹太人的起义运动。隋炀帝崇佛，隋代元宵灯节颇为兴盛。唐代也崇佛，灯节成为传统，代代相沿。宋代出现了走马灯，很像今天电影的祖先。将火药用于放烟火也始于宋代。多彩的烟火装点夜空，让人间天上都充满喜庆的氛围。两千多年过去了，灯越来越亮，而其中佛事的内涵却渐次衰微，改成以彩灯照耀明天的路，祈愿新的一年如彩灯般亮丽了。

（3）清明节

每年的4月5日或4日，中华民族中有20多个民族过清明节。这是一个极具内涵的重要民俗节日，是重要的八个传统节日（春节、元宵、清明、端午、七夕、中元、中秋、重阳）之一，又是二十四节气（立春、雨水、惊蛰、春分、清明、谷雨，立夏、小满、芒种、夏至、小暑、大暑，立秋、处暑、白露、秋分、寒露、霜降，立冬、小雪、大雪、冬至、小寒、大寒）之一。

清明节大约始于周代，距今已有2000多年的历史。2006年5月20日，国务院批准清明节列入第一批国家级非物质文化遗产名录，现已成为中国的国家法定假日。这是民众扫墓、祭祀先祖和逝去的亲人、追慕民族英灵的庄严的节日。

而清明节的前一两天是寒食节，刚好在冬至后105天。关于寒食，有一个传说：

春秋时代，晋国公子重耳流亡出走，受尽了屈辱，随从星散，只有介子推等几个忠心耿耿的人一直追随着他。一次，重耳饿晕了过去。介子推从自己腿上割下一块肉，做熟后给重耳吃了。十九年后，重耳回国做了君主，就是著名的春秋五霸之一晋文公。他封赏同甘共苦的臣子，唯独漏了介子推。有人为介子推叫屈，晋文公心生惭愧，马上去请介子推上朝受赏。可是几番催请，介子推坚辞不来。晋文公只好亲自去请，却见介家大门紧闭，原来介子推已经背着老母躲进了绵山（今山西介休东南）。晋文公听从别人的计策，放火烧山，三面点火，留下一面，以为大火起时介子推会自己走出来。孰料大火烧了三天三夜，终究不见介子推出来。大火熄灭后，上山一看，介子推母子俩抱着一棵烧焦的大柳树已经死了。晋文公哭拜一阵，安葬遗体，发现介子推脊梁堵着柳树树洞，洞里藏着一片衣襟，写了一首血诗，道是："割肉奉君尽丹心，但愿主公常清明。柳下作鬼终不见，强似伴君作谏臣。倘若主公心有我，忆我之时常自省。臣在九泉心无愧，勤政清明复清明。"晋文公葬介子推母子于那烧焦的柳树下，下令把绵山改为介山，在山上建立祠堂，并把放火烧山的这一天定为寒食节，晓谕全国，每年这天禁忌烟火，只吃寒食。他还伐了一段烧焦的柳木做了一双木屐，每天望木屐而兴叹："悲乎足下。""足下"是古人用于下级对上级或同辈之间的尊称，据说便是来源于此。次年，晋文公率群臣素服徒步登山祭奠，见那老柳树死而复活，绿枝依依，随风飘舞，仿佛介子推的灵魂在向他娓娓诉说。他含泪掐下一条柳枝，编成柳圈戴在头上，把复活的老柳树赐名为"清明柳"，又把这天定为清明节。晋文公感念介子推，勤政清明，励精图治。晋国的百姓也安居乐业，怀念和尊崇不图富贵的介子推。每逢他的忌日，便禁止烟火，只吃冷食，以资纪念。百姓还用面粉和着枣泥，捏成燕子的模样，用杨柳条串起来，插在门上，名之为"之推燕"（介子推亦作介之推），来召唤他的灵魂。

烧山火焚介子推

这两个节日的内涵逐渐融合，既包含了人们怀念故人、感恩知报、慎终追远、继承先贤精神的悲怆与庄严的情怀，又有天清地明时节开展农事、释放心境的愉悦，正所谓“清明前后，种瓜点豆”，“清明清明，植树踏青”。今天，当一只只风筝系着人们的思念和向往飞上辽远的蓝天，当少男少女们踏歌而行，将快乐和青春播撒在新绿的大地上，那是怎样的欢愉呀。中华民族能将愁苦、报恩、怀念的悲情，与植树、耕种和迎接新春的欢畅巧妙地结合在一起，营造出一种独有的风情。要了解中国人的情怀，过一次清明节实在是很好的实践。历代吟咏清明节的诗歌不可胜数，这些诗歌也是中华文明宝贵的文化遗产之一。

（4）屈原与端午节

正月以后，月月有节，有的因节气而定，有的因祈福而定，有的因敬祖而定，有的因祭祖亡灵（鬼神）而定，如清明节。唯独五月端午又增加了纪念伟大诗人屈原的内涵。

屈原（约前 340~ 约前 278 年）是战国时代楚国的三闾大夫，一位伟大的爱国者。楚王昏庸，不能接受屈原正确的主张，反而听信诬妄构陷屈原的谗言。在楚国都城被攻破后，屈原便负石披香草而自沉汨罗江。百姓闻讯纷纷划船打捞他的尸体，又在水中投入装米的竹筒，不让鱼噬咬他的遗体。屈原的身体随水而去，他的高风亮节却永留人间。年年岁岁在他投水自沉的日子（旧历五月五日），百姓都祭奠他。披香草、划龙

清　任熊　屈原像（局部）

清　陈枚　月曼清游图之桐荫乞巧（局部）

舟、包粽子、插艾蒿，成为永恒的习俗。

（5）七夕节

每年农历七月七日谓之“七夕”，是传说中天上的牛郎和织女相会的日子，是中国民间的情人节。人们通过祈福、乞巧、观星等活动表达对美好生活的期盼。

（6）中元节

七月十五是中元节，又称“鬼节”。人们在这一天追忆已

敦煌壁画　地狱十王经变图（局部）

逝的家人先辈，邀请他们的灵魂重温家庭的温馨。

平原地区，这一天暮色苍茫时，人们敞开家门，在田野上用一声声悠长的呼唤，招呼亡魂归家。呼唤声此起彼伏，在夜风中飘荡。这情景经历过一次，便永久不会忘记。

在有水的地方，人们还在河流湖泊中放置点燃烛火的河灯。当星月初升时，点点灯火随水漂流，将亲人的哀思寄往远方，也是一种人与“冥间”感情的交流，神秘中透出诗意。

（7）中秋节

八月十五中秋节，游子要回归故里，举家团圆。抬头望月，低首思亲，品香茗美酒，持蟹赏菊，这一夜会有脉脉的温情萦绕在胸中，与月色清风相伴，让人久久不能忘怀。

（8）重阳节

九月九日，远足登高，望辽阔的秋色，让人心情一振。而今，重阳节增加了敬老的内涵，也是维系亲情的好办法。

以上这些节日分布于全年，使生活张弛有序，既能与大自然相亲和，又能体味文化的韵致，使中华民族有不绝的生命的节律。

清　陈枚　月曼清游图之琼台玩月（局部）

中国人的情趣

节日之外，中国文化还体现在中国人生活的各个方面。琴棋书画，重要的不在于技艺，而在于从事这些活动时的心境，目的在于感悟人生。

饮茶源于中国，讲究的是清、雅二字。弹琴，原本是要焚香的，以示诚与静。作画则崇尚自然。棋之道则更深奥些。围棋诞生于中国，是中国古老哲学的体现，19 道线横竖相交，产生了 361 个点，生发出无穷的变化。阳刚阴柔，对立统一，动静结合，进退相补。弈棋之妙不在于争一时之胜，而在于求得变化中的博学敏思、处乱不惊、淡泊名利等高尚典雅的精神境界。

中国历史上禅学曾大为兴盛，参禅成了相当一部分中国人的爱好，于言谈中讲所未讲、悟所未言明的事物、规律及各种微妙的情绪与境界。禅学似乎最能体现东方文化中神秘的韵味。禅学的精神内涵其实也是崇尚自然，追求平和与宁静。

求祥和并不意味着怕灾变，愿平静也不意味着宁愿受人欺凌。中国人热爱自己几千年流传下来的生活方式。优秀传统文化的传承，一种传承是文献的传承，那些古典文献记载着文明的成果，应当代代研习、继承和发扬；另一种传承就是生活方

宋　听琴图（局部）
作者存在争议，一说为赵佶所作，一说为宣和画院画家所作。
一般认为画中抚琴者正是赵佶本人

式的传承，这是深入灵魂和骨髓的传承，保证我们民族的精神永世传扬。实践已经证明，这个爱和平的民族总是能在最关键的时刻捍卫自己神圣的传统。

总之，中国人的生活方式在平淡中蕴含着多姿多彩，在宁静中包含着生机。那追求自然、和谐、质朴、温馨的生活方式，是中华民族代代相传、延续无穷的文化的体现，是民族特质之一。

第四章 传统的经济文化及其影响

明　春景货郎图

1776 年，英国著名经济学家亚当·斯密出版了《国富论》。在这部被奉为经济学史经典的著作里，他说："许久以来，它（中国）似乎就停滞于静止状态了。"他认为，也许在马可·波罗时代以前很久，中国的财富就已经达到了社会法律所允许的程度，因此，后来就没有发展了。他发表这些观点的时候，中国已经陷入落后的泥潭之中。64 年之后，英国用坚船利炮轰开了中国的大门，或许正是这些论点成为列强侵略中国的经济上的借口。近代，由于中国的落伍而出现的急切呼唤改革的声音中，也有一种"理论"，即中国长时期的"重农轻商"，使得中国商品经济一直处于一蹶不振的局面，而在这种小农经济基础上建立起来的全部中国文化都在腐朽之列，应予扫除。

事实并不完全如此。近代商品经济相对滞后的中国，在历史上却有相当发达的古代商品经济。"重农轻商"，并不意味着商品交换的绝对落后，只是同农业相比，它处在并不被格外重视的地位。中国古代社会农业经济的水平是很高的，所以，商品经济即使被轻视，也有较高的水平。何况，商品经济与商人的被忽视在历史上并不是一以贯之的事，不同的时代有不同的情况，不可一言以蔽之。

20 世纪后期至今，经济的发展又把对中国传统文化的再认识、再发现提到紧迫的日程上来，重新审视中国商品经济的传统就成为十分必要的工作。

壹

漫长的商品经济传统

商品经济是人类社会发展的客观产物。中国既然有悠久的历史，也就必然有漫长的商品经济传统。中国是商品经济最早的发祥地之一，在很长一个时期里走在世界的前列。

在距今 3600 多年前的殷商时期，中国的交换业就已较为普遍，并且有了交换的符号——货币。货币是商品经济的重要标志，说明商品交换脱离了以物易物的初始阶段而渐次步入成熟阶段。殷墟墓群出土了大量的海贝，更有一些铜贝。铜贝是中国目前出土的最早的金属铸币，也早于同时期的其他国家。而专门从事贸易、以营利为目的的人群的出现，则是商品经济发达的标志之一。

殷商时代专门从事交换业的阶层已经形成，而在西周时代，这个阶层已经被称为“商人”“商贾”。对一部分以某种方式立足于社会的人群冠以特定的称谓，证明这部分人群已经是社会生活中不可缺少的一分子。因此，“商人”这一称谓的出现，足以证明在春秋时代，交换业从业者已经是社会中的重要成员。

在殷商时代，交换业就由大漠直抵海边；西周时就更广远而深入，城镇至乡村都有商业的存在。有的商人富可敌国，受

战国　楚国货币　郢爯和卢金

到诸侯的重视。史载，春秋末年，郑桓公和商人订立盟誓，要求商人不能背叛国家，官员也不能强买商人货物。

战国时期，著名的政治家、主持编纂《吕氏春秋》的吕不韦就是大商人出身。他先是扶持秦庄襄王，后又辅佐秦王政，成为历史上争议颇多的人物。吴越争霸时的范蠡也是大商人，曾官居越国的上将军。他与西施的故事至今还缠绵在人们心中。范蠡本人更被许多商家奉为中国的商业之祖、商业之神。他们之所以不挑选吕不韦担当此角色，恐怕与道德评价有关，也与义有关。因为范蠡除了有浪漫故事之外，还是一个忠诚的爱国者，这是中国商业文化中道德价值观的表现。

秦统一中国后，统一了货币，对商业经济的发展有很大的推动作用。在战国时代就已经实现了土地自由买卖，“除井田，民得买卖”，劳动力相对自由，不再终生依附于奴隶主的现象在秦代已经相当普遍。择业的自由也促进了商业经济的发展，统一的局面更加速了商品经济的繁荣。而欧洲在十四五世纪才普遍出现土地自由贸易。

西汉在秦的基础上进一步统一货币，推动了商品经济的大发展。正是商业的发达，才使太史公司马迁在《史记》中专门辟有《货殖列传》，写了许多著名的商业家、经济学家的传记。

西汉时，“富商大贾周流天下，交易之物莫不通，得其所欲”。此时，更有张骞出使西域，渐次开通中国通往中亚再至罗马、地中海东岸，横贯亚欧大陆，长达 7000 多公里的丝绸之路。这是世界上公认的最早、最长、规模最大的贸易通道。这条丝绸之路绵延不断地沟通着中国和西方各国的古代文明，直到 14 世纪才开始衰落。这也是中国古代商品经济发达的纪念碑。欧洲各国王宫里陈列的中国瓷器和国王王后们所穿的丝绸锦缎，不是上帝的恩赐，而是无数马匹和骆驼从遥远的中国运来的。

“边城暮雨雁飞低，芦笋初生渐欲齐。无数铃声遥过碛，应驮白练到安西。”唐代诗人张籍《凉州词》中的这几句话，描绘了在早春时节那长长的驼队把丝绸运往西域的情景。铃声越千载，至今仍能引发人们遐想。

唐代的商品经济在古代社会达到空前繁荣，中国成为一个强大富饶的国家。唐都长安有东市、西市两大商业区，东市有

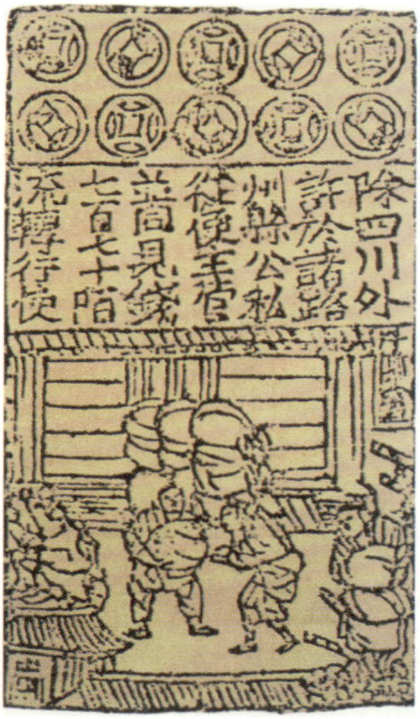

北宋交子（钞版拓本）

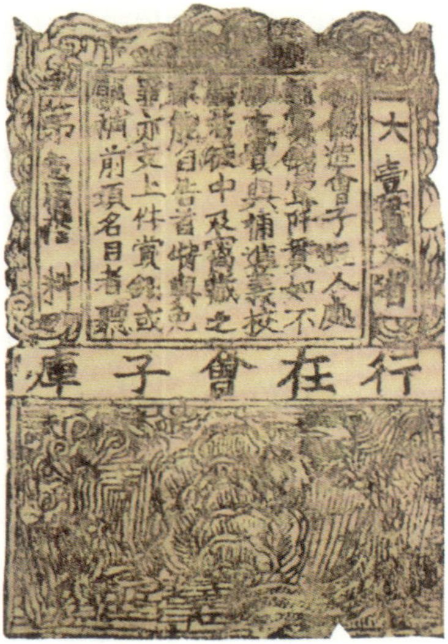

南宋会子（钞版拓本）

220 行，经营各地物产，也是各国商人集中交易的地方。来华贸易的国家至少有 44 个之多，服装、丝绸、珠宝、香料是最大宗的交易。盛唐的商品经济在当时还没有能望其项背者。

宋代出现了世界上最早的纸币。宋代交子、关子、会子的出现和大量使用，标志着宋代是个商业经济水平很高的朝代。在宋人的绘画中还出现了举着商品招牌在街市行走的人，这可以看作是早期的广告和广告人。《水浒传》中出现的“出门倒”“透瓶香”“三碗不过冈”，在今日也是绝妙的酒的广告词。

明朝时，中国有世界上最大的船队。以郑和为例，郑和七次远航，船队最多时有船 200 余艘，首次下西洋时随员就有 2.7 万多人。郑和下西洋，虽主要是出于政治目的，但也起到了扩大对外贸易的作用。在国内，手工作坊遍布不少地方，商品经济极为活跃，尤其是长江三角洲地区的苏州、杭州、无锡、扬州已经成为颇具规模的早期商品经济区。清初，在具有雄才大略的康熙皇帝统治下，商品经济从战乱中复苏，走上新的发展阶段。总之，从殷商至明末清初，3000 多年来，中国的商品经济虽有盛衰，但始终活跃，不断发展。

1776 年，英国的经济学家亚当·斯密出版了《国富论》，他在论述中国古代经济长期停滞不前时，提出一个重要的论据，这便是“人口不增不减”。以人口状况来验证社会经济状态是合适的，可惜这位学者对遥远的东方大国的真实情况并不了解，因此，他的结论并不符合实际。

明初，中国人口约为 6500 万，明末便增加至 1 亿左右。又过了 150 年，即 18 世纪后期，《国富论》问世的时代，中国人口已达 3 亿，是当时全欧洲人口的两倍多。人口总量不是“不增不减”，而是有增无减。中国人口在西方入侵的前夜即公元 1840 年前后，已达 4 亿以上。而明清两代 540 余年间，中国耕地的总面积仅仅增长了 1 倍多。如果不是经济的增长，这有限的耕地显然不能养活那迅速增长的人口。

清朝康熙皇帝曾下诏“盛世滋生人丁永不加赋”，雍正皇帝推行“摊丁入亩”，生孩子不另加人口税，只收土地税，人口遂而大增。这正说明清朝经济对于人口的承受力。当然，人口的迅速增加，也使得人均 GDP 排名下降，虽然 GDP 总量依然居世界前列。鸦片战争爆发前，每年全世界有 1/3 的白银依旧通过外贸流入中国。

著名的人口学家马尔萨斯有个人口循环理论。他认为，当生产资源赶不上人口的增长时，社会就会发生大规模的饥荒、瘟疫或内乱，使人口恢复到原有的水平。为了把人口控制在"合理""适度"的水平，战争手段也许是必要的。且不论他的人口循环论是否真正科学，即使以他的论点衡量中国古代社会与同时期的欧洲，也可以看出历史的真实。从今天的眼光看来，许多历史事实令人深思。

中国在明代以前的 1000 多年里，人口大致徘徊在几千万人的水平上，处在中世纪晚期（相当于明代至清初这 300 多年间）的欧洲人口发展也大致如此。也就是说，中国明朝以前的 1000 多年与中世纪晚期的欧洲一样，都处在马尔萨斯说的人口循环论的怪圈中。欧洲一直到 17 世纪，除英国、荷兰以外，还被这循环圈紧紧地控制，不能自拔。只是在 18 世纪以后，资产阶级革命确立了新的经济制度，推动了生产力的巨大发展，欧洲的人口才实现了持续增长。而在这之前的 200 年间，中国经济已经率先突破了马尔萨斯人口循环论的阴影，实现了人口的持续增长，证明中国经济有了长足的发展。这是中国社会由古代向近代嬗递时的最后一次辉煌，在世界文明史上也是一项了不起的成就。今天，全世界还在称道中国靠世界耕地的7%养活了世界人口的1/5这个经济奇迹。其实，这个荣耀首先归功于中国的祖先，是他们在世界上头一个创造了奇迹。然而这个奇迹的背后，也有令人反思的问题：众多的人口给社会的全面发展带来了一定的压力。

由此可知，中国经济增长的速度，是在18世纪中叶以后才落后于西方的。

资产阶级革命极大地促进了西方生产力的发展，而此时中国却正处在相对滞后的状态，这便是西方入侵中国的经济背景。

贰

中国传统的经济文化

中国最初的金属货币有布币、刀币、圜钱和蚁鼻钱四大形式。布币由农具镈演变而成，体现了农耕社会的特点；刀币则是由生产工具的刀演变而来；圜钱为圆形货币，起源于纺轮；这些都与生产、生活密切相关。另外，大概刀币取其刀刃之“利”，圜钱取其圆通流动的含义。当时的先辈已经清楚地明白商业的主要目的是获取利润，而货币只有在流通中才能增值，原始的积攒和储蓄是毫无意义的。圆币中央穿洞，是为了好用绳子串起来，便于携带远行。而孔呈方形，则取“天圆地方”之意也。这不仅说明商业早就脱离原始的易货，而且商品与商人游走四方，商业已经可以与农业、冶铸业等论高低，支撑国家的天地了。

秦汉时期，商品经济颇为发达，于是有了著名的自由经济思想家，这便是史学家、文学家、《史记》的作者司马迁。许多人对此大约颇感意外，但研究经济史的专家却往往把司马迁同比他晚 1800 多年的亚当·斯密相提并论。

司马迁的经济思想主要体现在他的鸿篇巨制《史记》中。概括而言：

第一，他以经济人的观点观察社会与历史。

商　铜贝

西周　布币

战国　圜钱

人除了自然人的一面外，更重要的是人的社会属性。社会属性包括阶级性、群体性、职业性、地域性等。以经济人的观点看社会，就要以经济特别是商品经济的角度和价值观来分析与评判社会与历史。这种观点显然是建立在社会经济比较发达的基础之上的。

司马迁说："天下熙熙，皆为利来；天下攘攘，皆为利往。"天下人群熙来攘往，都只为了一个字：利。他用一句话概括了商品经济社会全部活动的终极目标：利润。这种观点出现在 2000 多年前，是何等的犀利与准确。他并没有将帝王

战国 “三晋”布币

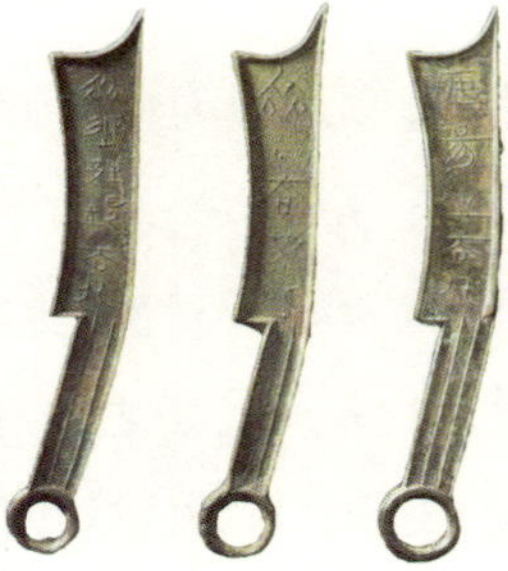

刀币

公侯或知识分子从天下人群中剔出，而是都一齐包括在“熙熙”“攘攘”之中，给他们一个统一的评价——都为了利益而奔忙。后世的民谚“人为财死，鸟为食亡”，虽广为流传，却没有司马迁的论断深刻。“财”与“利”不是同一的概念，“利”的含义要比“财”深广得多。所以司马迁思想的光芒历经 2000 多年而依旧夺目。

第二，他主张用价格的杠杆调整社会经济与资源的配置，乃至人口的流动和职业的分配。

他认为农、工、商、渔等，都只是职业的分工，只要各尽其能，便足以分担社会的经济职能，而无需朝廷的干预，硬性分配人群的职业。

他认为，人们各自从事自己所擅长的职业，竭尽所能，都是为了得到自己想得到的。物品匮乏了，价格便高；物品充盈了，价格就低。物价低了，商品就会流向物价高的地方；物价高了，人们就奔向物价低的地方。人们各自努力地对待自己的事业，高高兴兴地对待自己的工作，社会就像水往低处流一样自然地运转，日夜无休。“人各任其能，竭其力，以得所欲。故物贱之征贵，贵之征贱。各劝其业，乐其事，若水之趋下，日夜无休时。”他在这里描绘出商品价格机制这只无形的手在调节着社会的运行、资源的配置。他的这种思想与亚当·斯密的自由商品经济思想即依靠价格的杠杆调整社会经济与资源的配置几乎是相同的，却比后者早了1800多年。

第三，他主张发展自由经济、商品经济，反对国家强行干预社会经济。

他认为，对待商品经济最好的政策就是任由它按照自己的规律发展，“善者因之，其次利道之，其次教诲之，其次整齐之，最下者与之争”。也就是说，因势利导在其次；硬要教育人家，让人家按你的意思办，是不好的；整齐划一，按照你的意思不准办这办那，更不行；最下策就是与民间经济争个高下，以国家力量排挤商品经济。这分明是对汉武帝经济政策的严厉批评。

第四，他继承了儒家积极入世的思想。

司马迁主张所有的人都应当“劝业乐事”，提倡敬业精神；他主张经济、商业应当有道德价值标准，利与欲必须在尽其能、竭其力的前提下获得，以使社会有秩序地自然运转。

唐　镶金兽首玛瑙杯
巧妙利用玉料的俏色纹理雕琢而成，杯体为角状兽首形，兽双角为杯柄。嘴部镶金帽，眼、耳、鼻皆雕刻细微精确

司马迁无疑是将中国传统哲学融入商品经济之中的自由经济学家。他的思想对后世有极大的影响。从明代中叶至清代中叶，农产品开始有了大规模的商品性种植，繁荣的手工业、商业城市遍布全国。于是出现了以儒学思想为行为准则的两大商帮——徽商与晋商。同时出现了对一些行业的初级形式的垄断，如米、布、茶、染料等。与此相适应，中国有了一套行之有效的商业契约制度以及习惯法律体系。这说明中国古代商品经济正逐步演化为近代的商业经济，真正有近代意义的经济大门，已距中国不远。中国文化对商品经济的看法也开始发生变化。司马迁所提倡的儒学精神愈来愈明显地成为从商之道。

明代的大儒学家王阳明认为“士农工商”中的“士”可以把其他行业的人看作同道，这就是说，四民之末的商人也可以把士引为同道。这种“异业而同道”的思想，从社会伦理学的角度提高了商人的地位。

清代的张謇，原是位大儒，一心求取功名，41 岁才中状元。不料，后来他却没有继续走仕途，而是创办大生纱厂，历经磨难，终于将其建成当时的一大企业。他又办教育，从师范到大、中、小学，还创办戏剧学校、盲哑学校、幼稚园等。

张謇像

张謇由儒士变为实业家是儒家入世思想使然。儒家理想之国不在天国、彼岸，而在此生此世此地，只要努力奋斗，“修身、齐家、治国、平天下”，“大道之行，天下为公”的社会理想就可以实现。因此，张謇把救国的理想与积极奋进的儒家精神融于一体，“实业救国”，从而超越了单纯的利，将求富变成求仁求道，实现了儒家“君子喻于义”的理念与救国救民时代要求的结合。张謇是儒商的榜样，一批又一批企业家起而效仿，包括大批海外华人实业家一面不忘“君子喻于义，小人喻于利”，一面艰苦创业，广开财源，却又律己甚严，生活俭朴，将自己所得奉献社会。这正是因为他们将自己求利求官的动机变为儒家之“义”，是为实现“仁”与“道”而躬行实践。由此，他们在伦理道德观上做到了统一，取得了心理上的平衡。他们坚持这种精神，使自己的商业行为具有更高的价值，成为富国利民强兵之道。这与为了蝇头小利而卑鄙无耻，一切下流手段都可出之，为了百分之二百的利润敢冒上断头台危险的商业观绝不可同日而语。

“商亦有道”，道在取其利为义，贡献国家社会。这种中国传统的儒商精神实在应为今日中国一切企业家所牢记、所继承、所发扬。

叁

中国经济文化的影响

司马迁以价格机制作为调节社会活动和资源分配的观点，放手让商品经济按照自身的规律发展、国家不要强行干预的观点，从儒家学说中撷取精华贯彻于经济活动之中的理念，无疑都给予我们今天的市场经济机制以启发。这种启发或许不是直接的，但中国传统文化的理念深深地印在每个中国人心中。正因为中国优秀传统文化铸造了民族的灵魂，中国的改革开放政策、建立社会主义市场经济体制的实践，才获得了广大群众的支持。这些改革不仅符合时代的要求，也合于中国优秀传统中经济文化的本质。

当然，自由商品经济也有极大的缺陷，那只“看不见的手”常常制造规律性的经济危机，扩大贫富差距，增加社会动荡的潜因。怎样用“看得见的手”同“看不见的手”相协调，是每一个现代国家的政府必须考虑的大问题。特别是选择了社会主义市场经济体制的现代中国，在高速发展的过程中，更要审慎地对待这个问题。

中国儒商传统中敬业与求仁求道重义的精神，给予今天及世界的影响深刻而悠久。建立在实事求是基础上的中国特色社会主义市场经济已经在中国大地上站稳了脚跟。面对 1997 年

唐　三彩釉陶骆驼载乐俑

唐　三彩陶骑马俑

亚洲金融风暴来袭，中国在咬紧牙关克服困难的同时，又坚持为亚洲和世界金融的稳定作出自己的贡献，在 1998 年承诺人民币不贬值。这一方面是国际主义时代精神的体现，另一方面也是中华民族优秀传统文化中大义、大仁精神的继承和发扬。

一批日本、新加坡、韩国企业家贯彻儒家的精神取得成功。

儒家文化重理性，特别是重视实质理性。这为现代企业管理提供了精神原则。比如：日本一些企业强调敬业精神，并且把劳动态度与成绩量化，便于管理；同时，实行企业家庭化、职工终身雇佣制等，强调家庭对社会的重要作用，要求每个职工都像家庭成员一样相亲相敬相睦相信，彼此忠诚。这种价值观念是典型的儒家伦理观，对日本的经济发展具有一定的助力。日本经济的腾飞，使得一向以个人自由为价值观念的美国也开始研究甚至引入这种儒家模式。

儒家文化中的精髓竟演变为现代企业精神，这不能不说是一种历史的赐予。时代在不断发展，儒家文化是否能长期地予人以滋养，还要看它本身是否能在保持基本观念的同时，又根据时代的变迁增减损益。一个不断发展的文化才是真正合理的文化。

第五章 璀璨的文学艺术成就

编钟
中国先秦礼乐文明与青铜器铸造技术的结晶

艺术是人类创造的美。一个历史悠久的、文化高度发达的民族，自然也会有丰富的美的艺术。

按照人们对文艺学对象的广义理解，在艺术中有六种古典艺术，这就是：诗（从诗里又分化出散文、小说与戏剧）、舞蹈、音乐、绘画、建筑、雕塑。这六种艺术的诞辰，大约永远也无法说清，其诞生的先后次序，怕也很难讲得分明。舞蹈可能产生在诸种艺术之前，接着是音乐，再接下去是绘画、建筑、雕塑。诗的产生怕要最晚，因为只有文字诞生以后，并且结构为词，有了相对稳定的语法修辞之后，才有真正意义上的诗。

中国有悠久的历史，有无数优秀的文学家、艺术家，六种古典艺术在中国古代都有杰出的成就。而且，中国传统哲学天人合一、对立互补思想的渗透、指导，使得中国的艺术含有更深更富于想象的美。

中华民族是一个懂得美、会创造美的民族。艺术简直是中华民族的灵魂。只有懂得并学会欣赏中国的艺术，才能领略这艺术中融会的哲思、独特的宇宙观以及崇尚自然、和平、恬静的精神，才可能真正理解中华民族。

壹

璀璨的文学艺术成就

艺术的起源

关于艺术的起源，有许多种说法，有的说是起源于原始人群对生产劳动的模仿；有的说是对战争的演习，是对丰收和胜利的祭祀与祝祷；有的说是祝神祭鬼；有的说是人群集体游戏；还有的说，最早的艺术起源于对性的崇拜。不管怎么说，最原始的艺术体现了人类对美的向往、追求与创造。所有的原始艺术，无不带有人们对世界的崇敬和对自然力量的敬畏，以及对自己内心梦幻的迷惑，呈现出一种神秘感。所有的原始艺术大都与某种仪式有关，因而又颇具庄严、神圣的味道。艺术中这种神秘、庄严与圣洁感大约便是艺术永恒的内在的魅力。也可以这样说，艺术首先是种奉献，是从艺人员对自己的向往奉献真诚，这就是神圣，而技巧与能力还在其次。

艺术离不开人们飞扬的想象力。当人类有了想象的能力，艺术也就诞生了。北京周口店出土的距今 1.8 万年的山顶洞人遗存，有一处墓葬，三具古尸的遗骨上还残留着含赤铁矿的红色粉末，说明他们已经会打扮自己，有了美的观念。他们的脚一律朝向太阳落山的地方，说明他们认为那里是死者将要去往的地方。他们已经有了灵魂的观念。这是了不起的想象力。当他们明白了生死，有了灵魂观念，他们就在原始的歌舞中创造出最初的艺术，这艺术必也是动人的。

中国古老的艺术中处处渗透着这般摄人魂魄的魅力，这是因为在中国的艺术中凝聚着对朴实、自然最真诚的向往。

艺术的样式

1. 舞蹈

1973年，青海省大通县上孙家寨新石器时代墓穴中出土了一个舞蹈纹彩陶盆。陶盆内壁画着三组舞蹈人物，每组五人手拉手，围绕盆沿形成一个圆圈。这说明中国先民在距今七八千年的新石器时代就已经用舞蹈表情达意，将舞蹈作为社群活动的一部分了。当夕阳西下，篝火初燃，狩猎一天的先民手拉起手载歌载舞，表达出他们对生活的渴望，这是多么纯净而又质朴的情感。这传统至今在中国的许多民族中还保留着。如今，旅游业愈来愈多地向游客展示这古老的民风与艺术，让那些在喧嚣的城市中被污染了的心灵得到一次古朴清风的涤荡。许多人在淳朴的舞蹈面前激动得热泪沾衣。切不可轻视最古老的民间舞蹈，或许它将是与现代舞比肩的舞蹈。

新石器时代　舞蹈纹彩陶盆　出土于青海省大通县上孙家寨墓地

殷商时代，舞蹈已经成为祝祷活动的主要内容之一，或作为仪式贯穿祝祷活动的始终。宫廷舞于此时产生并得到发展，开始有了专为君王贵族表演的专业舞蹈者。秦汉时期，宫廷舞蹈发展更为迅速，宫廷必备由舞伎歌女组成的歌舞团，虽也在各种典礼上演出，但其主要任务是娱乐君王。唐代的宫廷舞蹈达于鼎盛，至今还可以从遗存的画作中看到唐宫夜宴歌舞的盛况。唐玄宗李隆基是个风流倜傥、多才多艺的皇帝，演奏笙笛管箫的本领堪称首席水平，还是作曲家兼乐队指挥，更是舞蹈的编排者。因此，后世梨园界将他奉为祖师爷、班头，虽有谬托皇帝以抬高身价的幽默，却也有事实的依据。经李隆基的大力倡导，唐乐唐舞都有了极高的成就。唐舞中的许多词语

敦煌壁画　反弹琵琶（局部）

仍为今日鲜，单是反弹琵琶这个舞姿，就是世上独特的舞蹈语言。所以，今天的仿唐乐舞，依旧陶醉了海内外的看客。千年前的舞步叩动今人之心，不能不说是奇迹。唐舞的影响远达朝鲜、日本、波斯诸国，至今仍可在他们的舞蹈中寻觅出唐舞的流韵。

唐以前的南北朝时期，北齐大将兰陵王高肃（字长恭），刚烈神勇，貌若妇人，因貌美而不能在战场上威慑敌人，遂用木刻制一个状极凶残的“大面”（读代面，假面具的意思），戴着它冲锋陷阵。后来就有戴着假面的舞蹈，谓之《兰陵王入阵曲》，是极有名的古典舞。唐玄宗“以其非正声”而禁演《兰陵王入阵曲》。后来此舞流入日本，成为日本的传世经典之一，今天这古老的舞蹈又返归故国。

中国的舞蹈有文舞、武舞、空手舞、器械舞，其中许多是器舞，刀舞、剑舞、棍棒舞都产生过大师级的人物。比如剑舞，汉代即有记载（见《汉书·高帝纪》）。唐时就出现了公孙大娘这样善舞剑器的大师。杜甫的《观公孙大娘弟子舞剑器行》说“㸌如羿射九日落，矫如群帝骖龙翔。来如雷霆收震怒，罢如江海凝清光”。公孙大娘的弟子舞得这般精彩，他们的老师公孙大娘一定更精彩。剑器舞除执剑外，有时还执旗帜、火炬而舞。宋代大曲《剑舞》已表现简单的情节，如鸿门宴和公孙大娘舞剑器的故事（见宋人史浩《鄮峰真隐漫录》）。中国的民间舞蹈中也惯于使用手持道具。除一般农

清　任颐　公孙大娘舞剑图（局部）

具如镰、斧、锄外，生活用具如伞、笠、帽、巾等都是常用的道具，而且舞得花样百出。比如，没了耍手绢似乎就没了东北的秧歌，这是很有特色的。

中国舞蹈中的袖及其延长物——长巾的使用，也构成独特的舞蹈语言。“长袖善舞”就是对流传千百年的这一表现形式的概括。京剧大师梅兰芳的水袖舞蹈据说有上百种舞姿，可以表达人物各种心态及情绪。各地的民间舞蹈，如河北及广东的狮舞（分北、南两派），云南的花灯，安徽的花鼓灯，东北的大秧歌，陕西、山西的威风锣鼓，北京的太平鼓等，都在世界上获得过极高的称赞和奖项。

中国各少数民族均能歌善舞。他们的民间舞蹈也都极具特色。

今天，舞蹈艺术的发展是极为可喜的，舞蹈正突破原有的题材、思路、语汇的模式，向更深、更新、更美的境界发展。民间舞也得到大发展，现代舞和芭蕾舞也呈现出中国的特色。中国舞者屡屡在世界舞坛上获奖，一批批新的舞蹈家正在成长。中华民族从古至今都是善舞的民族。

2. 音乐

中国古代音乐演奏的实况已经无法听到，但我们可以从出土文物中重新领略古代的音乐，从典籍中知道古代音乐演出的特色。

明　仇英　孔子圣绩图之击磬图（局部）

中国曾发掘出一个距今6000多年的姜寨遗址。在姜寨村落中心广场四周分布着100多座房基，分为明显的5组建筑群。在姜寨遗址发现的陶埙，吹奏一下，竟能吹出6个不同频率的乐音。过去曾有人断言，说中国古代的音乐只有5个音符，即宫、商、角、徵、羽，分别代表1（兜）、2（来）、3（米）、5（梭）、6（拉）。这神奇的陶埙击破了这个武断的结论，证明在6000多年前中国的音乐至少有6个音，其中有一个是半音阶，即变徵4（发）。

孔子精通的“六艺”，其中就有“乐”，即音乐。春秋时代有位著名的乐师叫师襄子，曾经教孔子弹琴。名师门下虽不一定个个都是高徒，但名师不愿在朽木身上徒费精力是显而易见

唐　跪坐奏乐陶俑

的。过去不少人批孔，连孔子的音乐才能也一并否认，说他充其量当过“吹鼓手”，鄙夷的心态与表情跃然纸上。这不但是一种不好的学风，而且是低俗的世风。孔子至少是位通音律的音乐爱好者，即今人所称之“发烧友”。他盛赞《韶乐》，认为《韶乐》尽善尽美，便不是无稽之谈。他认为《韶乐》表现了尧舜时代大德禅让的精神，因而陶然于《韶乐》，竟三个月不知肉味。孔子不喜欢陈、郑两国的音乐，说其不雅，大约与陈、郑歌曲中的诗（歌词）有关，或许陈、郑的音乐多轻灵飘逸，有些不庄重，现在已无法查考。但《韶乐》必定是庄严恢宏，可以用来祭天、祝祷、祈福、演礼。就算孔子对音乐的看法有片面性，但他将“乐”作为教育的主要内容之一，使学生

宋　歌乐图（局部）

在乐中涵德养性，调节性情，以达到完美的人格。这种将音乐与美育统一在一起的教育思想与方法，对今天的教育体系及实践也有莫大的启迪。

战国时接替荆轲刺杀秦王的高渐离，是位击筑的能手。筑是类似古筝一样的琴，要用小竹尺击打。他被弄瞎了双眼也要冒死刺杀秦王，秦王明知他也有刺杀自己的想法，却偏要听他击筑。在这充满烈义悲情的故事中，既有荆轲喻于义而刺秦王，又有高渐离忠于义而为友复仇，更有秦王刚愎却又不失雅兴冒死听乐的豪情。在这悲、烈、义、豪诸种浓醇的感情之上，环绕飘浮着沉稳古雅的筑声，叮叮咚咚，这是多么强烈的艺术氛围，难怪许多艺术家要将它搬上银幕或舞台。可惜，至今还未见上佳的搬演。

战国时代的编钟，在湖北出土，完好如初，请音乐家演奏，竟然可演奏贝多芬的乐曲；连从河南安阳殷墟出土的大石磬都有准确的音律，音色雄浑悦耳。“滥竽充数”的故事表明了战国时“大乐队”演奏的盛况，倘没有百人吹竽的场面，何来充数的滥竽？汉朝时，不仅原有的乐器，如钟、鼓、箫、笛、笙、竽、筝、琴、瑟等已很普及，连箜篌、琵琶、方响、云板、阮琴、羯鼓、云锣、胡琴等也传入中原，编进乐队，渐渐成为中国的民间乐器。《古诗为焦仲卿妻作》(《孔雀东南飞》）中形容焦妻“十五弹箜篌”，似乎习乐已经成了一般女儿家的必修课，如同针黹、绣花一样。唐玄宗常常动员乐师、舞伶万人以上演出并担任领奏和指挥，那盛况是今天的导演很难想象得出的。宋元以后，民间创造了唱诨的形

唐　唐人宫乐图

式，音乐与说唱、戏剧合流。元有南曲、北曲之分，还产生了昆曲。清代有了将诸多艺术综合起来的京剧。昆曲、京剧中的音乐和许多地方剧种的音乐可说是中国音乐的宝库，令世人赞叹。

各地的民歌，如青海、甘肃的花儿，云南的民歌，特别是流传千年的纳西古乐，四川的民歌，陕北的信天游，都极有特色。

江南道士出身的民间盲艺人华彦钧（阿炳）创作的二胡曲《二泉映月》，可说是中国近代最优秀的器乐曲，跻身世界著名音乐作品之林而毫不逊色。当今世界音乐指挥大师级人物——日本的小泽征尔，听到二胡版《二泉映月》时泪水如雨，长久地迷醉于那沉婉的旋律。

中华民族是一个极善歌唱又富有音乐传统的民族。

3. 绘画

中国的绘画有举世无双的理论、技巧与风格，中国的绘画也有举世无双的成就。

从出土的仰韶、马家窑彩陶来看，中国至迟在新石器时代就有了精美的绘画。那些彩陶中有许多动物纹样：活泼的鱼，奔跑的狗，灵巧的青蛙，爬行的蜥蜴。这些动物的形体渐渐被高度抽象的几何纹所替代，又化为流动的线条，如曲线、直线、波纹、锯齿状等。这正是从写实到写意，又从写意发展到几何形和纯粹的线条的艺术过程。

古老岩画的发现，红山文化的发现，都证明了中国先人早就用活泼的线条表达自己恣肆的思绪。从长沙马王堆汉墓中发掘出来的2000多年前的帛画，不论人物刻画，还是构图着色，都达到了很高的造诣。汉代的绘画，线条准确简练，富于幻想，给后代绘画以极大的影响。

魏晋时期的绘画大多与佛教有关。唐代的绘画，无论是人物还是景物，都发展到更高的境界。宋代的《千里江山图》《清明上河图》表现了祖国山河之壮美，城镇生活之繁盛，为前代所未有。

元明清三代，文人画盛行。文人画主张精神上的灵逸，在艺术上达到空前的深邃、轻灵、幽远的境界。历代的绘画大师，如顾恺之、阎立本、李思训、吴道子、郭熙、张择端、赵佶、沈周、徐渭（徐文长）、八大山人（朱耷）、郑燮（郑板桥）和近现代的齐白石、徐悲鸿、张大千等，都为中国绘画作出卓越的贡献。他们的名字也如灿烂的星辰闪耀在天空。

中国绘画以墨线为主，力求生动、变化。绘画同诗词、书法、印章有机结合，这在世界画苑中独树一帜。如今有许多西方美术家借鉴这种画风与技法，在自己的画作上题写款识、加印钤章。洋文字母，中式写法，颇类“西餐中吃”，别具一格。中国水墨画同日本的浮世绘构成东方画派的主流，与西洋油画比肩而立，形成人类绘画艺术的两大种类。

世界上不会画中国画的画家很多，不欣赏中国画的画家却几近于无，盖因中国画表现了太多的哲思和想象力。即使从接受美学的角度看，中国画也可以给读者以介入创作填补“空白”的愉悦感，是理想的完美的艺术。

在北京、台北的故宫博物院里，在各省的博物馆里，都保留着许多珍美的画卷。在一些西方国家的公私藏馆中，也有许多中国的精美画卷和书法作品。

宋　王希孟　千里江山图（局部）

五代　顾闳中　韩熙载夜宴图（局部）

4. 建筑

由于宗教思想的融入，西方古典建筑中多是单体的高楼，表现出地上的人类对天堂诸神之所的仰慕，或者体现出人类与天神同欢共舞的渴望。那一座座辉煌的殿堂和高耸入云的建筑展示了西方建筑的美学与技术成就。因此，许多西方建筑学家看不上缺乏单体高层建筑的中国建筑，在厚厚的一本《世界建筑美学史》中对于东方的建筑只提了一下印度。

20 世纪初叶，一位德国的建筑学家在暮色苍茫中来到北京。当他步出古老的前门火车站、仰望暮霭中的紫禁城时，

他十分惊讶，激动得流下了眼泪。他从未看到过一座城市的轮廓线同天平线、地平线配合得那般巧妙。在金色余晖中起伏的远山同逶迤的城墙会合在一起，构成一幅颇具神秘意味的庄严恢宏的画卷。当他浏览了故宫的建筑群之后，深深地被中国独特的建筑美学所折服。

任何人都无法用极简短的文字述说中国建筑美学的成就。

中国古老的天人合一、天圆地方的观念融入了中国的建筑美学。因此，中国建筑从来不以高耸入云的单体建筑来取胜，而是以建筑群体与自然环境、与地平线的关系，建筑群体之间

清　徐扬　京师生春诗意图（局部）

全画以鸟瞰式构图，展现了晚冬初春时雪霁云蒸的京师全貌，描绘了正阳门大街、紫禁城、景山、西苑、琼岛、天坛祈年殿等建筑

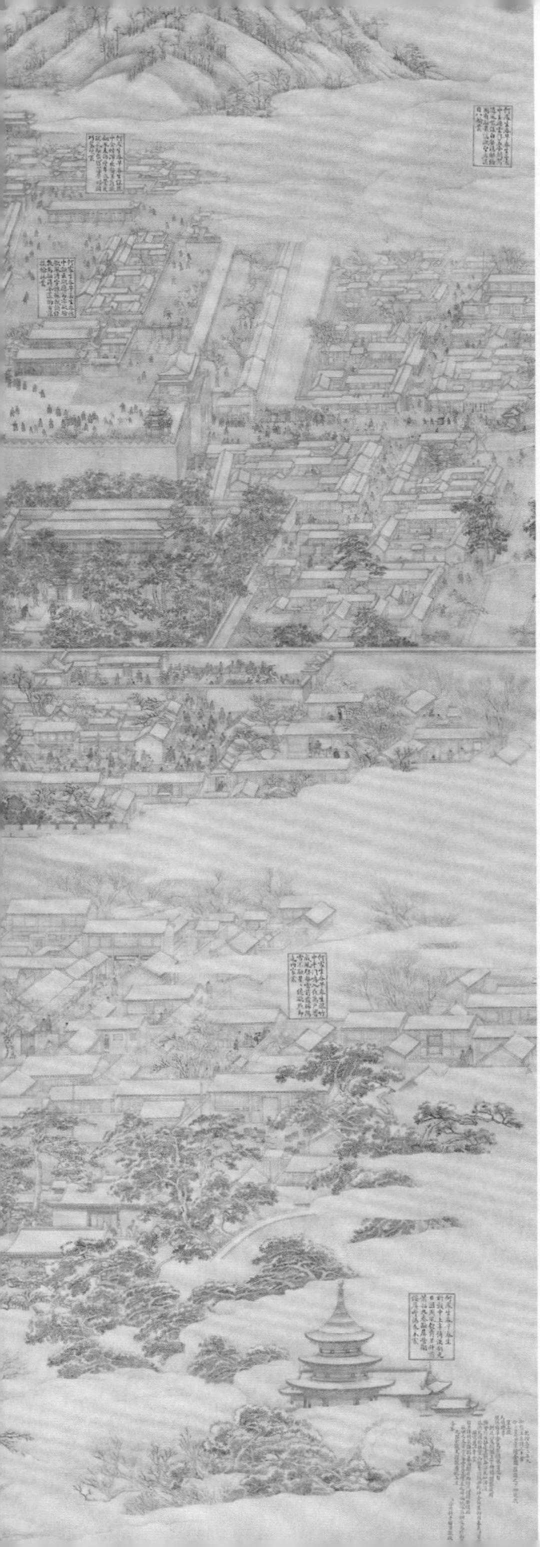

的排列、组合、错落以及结构间的节奏、虚实相映等关系来取得大布局的整体效果与意境，或恢宏，或庄严，或神秘，或雄伟，或空灵。在建筑手法上更吸收了许多中国绘画的意念，营造出许多特有的韵味。

还有一些宗教建筑，如寺庙、塔、坛，都在传达宗教教义和营造神圣、神秘的氛围上达于极致，比如山西的悬空寺和应县木塔等。

皇家园林当然更是建筑的杰作。圆明园毁于英法联军的罪恶之火。他们将中国奉献给人类的建筑瑰宝化为灰烬。比圆明园逊色得多的颐和园，单是那长廊，那布局，那园中

清　沈源、唐岱　圆明园四十景图咏之长春仙馆（局部）

之园的谐趣园，就够让人惊叹的了。倘使从空中俯瞰，你会看到昆明湖与万寿山正好是阴阳相对的太极图。苏州的园林也极具特色，以小见大，以方寸表现无穷，那韵味让你觉得每一座苏州的园林都是一首诗或一篇意韵无尽的小说。

自然，还有长城，那可不是一道简单地修在山岭上的长墙。春秋战国时就开始垒砌，秦时将秦、赵、燕所修各段连缀在一起，自汉至明，1000 多年来修砌不止，它本身就是历史，是中华民族性格与精神的象征。有些人曾认为长城是自我封闭的象征，代表了中国人的保守心态。殊不知，长城兴建之初，是为了维护中原的先进生产方式和人民的安宁。在抗日战争的时候，存亡绝续，生死攸关，长城的御敌功能令人瞩目。长城上发生过壮烈的抗战，如喜峰口、古北口、平型关战役。物质的长城虽然抵不过飞机大炮，但那傲然屹立的雄姿正是民族的象征和灵魂的支柱。

长城还傲然存在，而商周及战国

大明宫图（局部）
旧传为元代王振鹏所作。此幅图卷堪称描绘宫廷建筑的巨画

时代的古台都坍塌在历史的烟尘中不可考。秦时的阿房宫、汉代的未央宫、唐代的大明宫……历代的宫殿都是令人惊叹的杰作。可惜，不少已经消失，只留在诗歌与传说中了，连它们是否真正地存在过，也引起一些人的疑问。

如今，全世界都承认，中国的东方建筑美学是世界建筑美学中最令人神往的部分之一。

5. 雕塑

中国的雕塑也闻名世界。

从出土的文物中，我们可以知道商周的许多器皿都是雕塑作品，周鼎的纹饰也是精美的雕塑，秦汉、魏晋、唐宋时雕塑的成就更加突出。秦始皇陵及其中的兵马俑被称为“世界第八大奇观”。据说，每一个秦俑都以一个真实的士兵为

世界文化遗产秦始皇帝陵博物院兵马俑一号坑　黄冬摄

秦始皇陵兵俑

模特，所以秦俑塑像个个不同，都具有自己的个性。那仿佛时时都可以冲锋的待战的军阵，其气势的恢宏，雕塑的精美、生动，令世人叫绝。

巨大的佛像、罗汉、菩萨、神怪的塑像更是数不胜数。敦煌、麦积山、云冈、龙门等地的石窟，保存了古人凿刻的大量佛像，让人在看到这些佛像时产生审美的震惊。宋代的佛像则由泥塑、石雕改为木雕、玉雕、铜铸和铁铸，如河北正定隆兴寺的铜造观音大立像和佛像都表现出雄伟的气派。那些凿山而刻的佛像，如四川的乐山大佛、大足石刻以及许多摩崖石刻，都使世界各地的艺术家激动不已。

除此之外，从各地出土的文物中还可以看到各种风格迥异的供养人俑、说唱俑及不同身份的人物造型，牛、马、狗、猪、熊、虎、狮

麦积山石窟佛像

云冈石窟

等动物塑像。四川三星堆出土的各种人物造型，具有生动奇特的表情，长袖而舞的形态，极为动人。其中有一尊巨大的纵目人面像，眼珠从眼眶内凸出十几厘米，甚为怪异。至今学者还在讨论它的含义和身份。汉代的英杰青年、二十几岁就不幸病死的大将军霍去病，其墓在今陕西，墓前的石雕可说是世上少见的杰作。各地摆设的石狮、石兽，说明中国古代的城市中并不缺乏城市雕塑。卢沟桥上的石狮据说很难数清，说明其多，也说明其雕塑之巧。北京北海公园的九龙壁雕塑也堪称一绝。

但是，同西方的雕塑相比较，中国的雕塑也确有不足之

宋　马和之　诗经·小雅·鸿雁之什六篇图（局部）

处。让东、西方的雕塑艺术在交流中互相取长补短，是现代艺术发展的必由之路。

6. 诗歌

中国诗歌发源甚早，劳动中的号子、祭祀中的祝词、追寻崇高爱情时的抒怀，可歌可诵，遂而成诗。古代的神话传说可算是最早的史诗，也是中国文学的源头。

中国诗歌作品之丰富，诗人之众多，大约居世界之最。中国诗歌中所含的哲思，体现出的美学观和独特的思维方式，都

令学者倾倒。而炼字造句之精美，更为天下称道。“大漠孤烟直，长河落日圆”可作为炼字造句的例证。这两句不但对仗极为工整，且用字极为讲究，一个“圆”，一个“直”，使得词性、词义都呈多元化，表现出幽深、苍凉又不失豪壮的气韵，且画面感极强，以景带情。试想，浩瀚东去的大河犹如一条长长的地毯托起圆圆的落日；而无垠的沙漠上万里无云，一缕孤零零的烟尘笔直地伸向天空，仿佛是个巨大的惊叹号。这景色会激起人们怎样的情感？一个“圆”，一个“直”，两个普通的汉字却营造出千言万语难以说尽的氛围。

宋　马和之　诗经·周颂·清庙之什图（局部）

嘉慶御覽之寶

九歌图书画卷（局部）
旧传为宋代张敦礼所作

（1）《诗经》

《诗经》是中国最早的诗歌总集，其中有许多千古传诵的绝唱，可惜我们再也无法听到这些诗歌当初吟唱的声调，想来也是抑扬顿挫，铿锵委婉，令读者击节的。《诗经》据说是孔子编纂的，分“风”（地方民歌）、“雅”（国都附近的乐歌）、“颂”（祭祀的歌曲）三部分。《诗经》开篇就是一首情歌，曰：“关关雎鸠，在河之洲。窈窕淑女，君子好逑。”喜欢否定中国传统文化的人总是拿这首情歌开玩笑，说它不是文学。殊不知这短短四句诗里，包含了文学诸因素：人物、情节、情绪、氛

围，还有炼句与押韵，而且是一幅美妙的情爱图。一群雎鸠关关叫着，这时候，一个好小伙儿向美丽的女郎求爱，难道这不是朴素而又有意境的生活场景吗？孔子能把这首质朴动人的情诗选为开篇之作，至少说明诗应当来自生活中最真实最质朴的情感。他也肯定真挚的爱情，并不假惺惺。《诗经》共 305 篇，为后人留下了宝贵的文化遗产。

（2）《楚辞》

《诗经》之后又有《楚辞》，是战国时代屈原及其后学作品的集结。屈原的想象力极为丰富，上穷碧落下黄泉，思绪时而冲上云霄，时而下潜湖底，或是与神祇对话，或是与先人的灵魂探讨问题，俯询大地，仰问长风，许多诗里发出对生死这一大问题的探讨。生与死是哲学中头等重要的问题，在文学中较早提出这个问题并加以探讨的便是屈原，早于但丁的《神曲》，更早于莎士比亚的《哈姆雷特》。《楚辞》中纵横排宕的文思与诗句，浪漫多姿的想象，天上地下人间，“立体”人生境界的探索、描述，澎湃奔涌的爱国爱民爱故土的情怀，代表了摇曳多姿的楚文化，给后世中国的诗歌以巨大的影响。

（3）两汉乐府

《楚辞》之后，有两汉乐府，这是民歌体的诗歌，其中许多活泼质朴的诗作流传至今，仍旧脍炙人口。《古诗为焦仲卿妻作》是传诵不绝的爱情悲剧，其中不少佳句，如“孔雀东南飞，五里一徘徊”，至今仍极富生命力。

魏晋南北朝的诗歌领一时之风骚。曹操与他的两个儿子曹丕、曹植都是大诗人，合称“三曹”。曹操的诗句“老骥伏枥，志在千里。烈士暮年，壮心不已”，成为千古流传的佳句。曹植的“煮豆燃豆萁，豆在釜中泣。本是同根生，相煎何太急”据说是在七步行走之中吟就的，在后世常常被引用，以委婉表达不要发生“兄弟阋于墙”的不幸。民歌也十分盛行，艺术成就很高，《木兰诗》几乎家喻户晓；《敕勒歌》则反映了游牧民族的生活状况，具有刚劲、质朴、爽朗的特色。

（4）唐诗

到了唐代，近体律诗大为发展，唐诗成了中国文学最多彩的篇章，在文学史上占有极显赫的位置。唐代以大诗人李白、杜甫、白居易为代表的为数众多的诗人群体，把他们的才智留在纸上传至未来。他们把汉语提高到至美至纯的境地，他们的诗歌将与人类共存。

（5）宋词

唐诗以后是宋词。宋人把这种长短句结合的诗体运用到出神入化的地步。唐宋之间的南唐后主李煜，还有宋代的王安石、苏轼、李清照、陆游、辛弃疾，他们那或慷慨激越或委婉凄清的词作越千年而不朽。

（6）元曲

元代，诗体演变，散曲甚为流行。马致远、白朴等人的散曲，玲珑可爱。马致远的“枯藤老树昏鸦，小桥流水人家，古道西风瘦马。夕阳西下，断肠人在天涯”，几乎老幼皆知。从《诗经》起，中国诗歌就讲求意境和韵律，富于绘画美和音乐美，具有撼人心弦的激情和令人辗转反侧的缠绵，炼字造句又精美绝伦。更妙的是，在19世纪电影艺术诞生之前，中国的诗歌竟具有电影的思维，以无声的画面相接（蒙太奇），造就一幅情景交融的画面，描绘出某种特定的或朦胧的意境。例如，唐代张继的《枫桥夜泊》：“月落乌啼霜满天，江枫渔火对愁眠。姑苏城外寒山寺，夜半钟声到客船。”简直就是一段声情并茂的电影蒙太奇段落。这样的例子不胜枚举。这不能不说明中国诗歌中借景写情的创作方法何等美妙，且极具长远的生命力。中国人这样容易接受电影这一外来艺术形式，与人们久已熟悉并运用自如的艺术思维方式有密切的关系。

近年来，又挖掘整理出中华民族的三大史诗，其中藏族的史诗《格萨尔王传》长达100多万行，是世界上最长的诗，也是中华民族的骄傲。

（7）散文

一般来说，散文可说是无韵的诗。中国的散文，秦汉以前多与历史、哲学结合在一起。先秦诸子的著作和历史典籍都是颇有成就的散文。庄周的哲学作品，每一

元　赵孟頫　行书赤壁二赋（局部）
赵孟頫书苏轼所作赤壁二赋，并绘苏轼像于卷首

篇都是精美的散文。那汪洋恣肆的思路，活泼的文笔，俏丽的词语，使他在文学史上占有重要的地位。其他如韩非子文章的严谨，荀子文章的轻巧，都颇见功力。

司马迁的《史记》可说是汉代散文的杰出代表。他的文章不仅为后世所称道，而且为以后小说家、散文家所倾慕，给中国文学留下了深刻的影响。汉代的司马相如也是位文章大家，从古就有“汉代文章两司马”的说法。

魏晋时期多骈赋，讲究华丽的辞藻、对仗工整的句式，虽然有形式主义的缺点，却也有流传不朽的佳作。这种文风影响也颇深远。唐代王勃的《滕王阁序》可说是骈俪文风之中流韵最好的作品，“落霞与孤鹜齐飞，秋水共长天一色”的名句将永远作为汉语中文情并茂的明珠闪耀光芒。唐代的韩愈、柳宗元发起古文运动，让重雕琢、尚华丽的文风重归自然与质朴。这一运动经宋代欧阳修等人的推动，成为一股文学革命的潮流，对中国散文的发展有巨大的贡献。唐宋八大家以及明清两代散文大家，业绩卓著，都留下不少名著。

（8）小说

西方的小说、戏剧从史诗中脱胎而来。中国的小说则多从坊间话本演化而出。不少说书人为中国小说切近现实、实现高台教化作出了贡献。

唐代的传奇和宋代的话本都已具备了小说的雏形。到了明清两代，中国古典小说已完全成熟。著名的短篇小说集“三

清　改琦　聊斋故事画册之长亭（局部）

清　彩绘全本西游记

言二拍”（《喻世明言》《警世通言》《醒世恒言》《初刻拍案惊奇》《二刻拍案惊奇》）和《聊斋志异》等都达到了极高的成就。尤其是《聊斋志异》，其中许多篇章都是举世公认的短篇小说杰作。作者蒲松龄在小说创作上所达到的高度，绝不逊于俄国的契诃夫、法国的莫泊桑。而在时间上，蒲松龄早于后两位200多年。长篇小说，如《三国演义》《水浒传》《西游记》《金瓶梅》《红楼梦》《官场现形记》等，都是有世界影响的巨著。曹雪芹的《红楼梦》则具有极大、极深的内涵，无论是其思想倾向性、文学的创造性，还是对社会百态的描摹，都经得住时间的考验和持久不断的研究。如今“红学”已成为风靡世界的专门学问。

（9）戏剧

现在所存的剧本证实，南宋时中国戏剧已走向成熟，到了元代获得了巨大的发展。元代

清　十友斋全本西厢记（局部）

关汉卿、王实甫和明代汤显祖的作品达到了极高的水平，《窦娥冤》《西厢记》《牡丹亭》等作品堪称戏剧史上耀眼的明珠。关汉卿这位伟大的剧作家，在自己的旦本戏中塑造了许多极为生动的妇女形象，表达了他同封建势力不屈斗争的精神。他在《窦娥冤》中借窦娥之口发出了“地也，你不分好歹何为地！天也，你错勘贤愚枉做天！”的怒吼，叱天骂地，矛头直指封建社会制度和统治者。他的精神和艺术成就值得人们永远怀念。

据 1982 年统计，中国各地的戏曲剧种有 360 多个。从戏剧“活化石”贵州傩戏（假面戏剧）、藏戏、福建莆仙戏，到被称为国宝的京剧，洋洋大观，简直是一座戏剧宝库。我们应当继承并发扬这优秀的戏剧传统，为全人类的文明作出贡献。

贰

中国独特的美学观

只要你细心地欣赏中国的传统艺术，就会在胸中涌起许多深奥难解的问题：为什么在半坡遗址出土的人面鱼纹彩陶盆上，人的眼睛眯成一条缝，而稍晚的姜寨陶盆上的人面却睁着一双圆溜溜的大眼睛？是因为人起初处于混沌状态，后来才开始兴奋地观看自己的四周，不断地提问，要弄懂我们的世界吗？他们在创造美上思考到了什么？

最早的陶器是彩色的，在姜寨遗址竟然发现了一套 6000 多年前的完整的绘画工具：带有盖子的石砚，一根研磨棒，还有一个盛水的石杯，甚至还有已裂成四块的红色颜料，那是三氧化二铁的天然矿石。这说明中国的先人早就对颜色——最早是红色——有了从感知到运用的经验。可是，后来，先人制陶的技术更加高超，却舍弃了五彩只留下了黑色。黑陶文化优于彩陶文化，这是史实。难道先人从混沌的黑色中领悟到了比五彩更丰富的色彩吗？中国绘画中黑与白以及黑色中浓与淡、枯涩与湿润的关系极为讲究，变化多端，是否与先人们那“黑”即全色的认识与独到的领悟有关？

为什么陶器上的花纹越来越简单，最后只剩下线条让人们想象？

山西悬空寺

为什么先民们把壁画留在人迹罕至的荒僻地区，让那些精美的艺术同荒漠、风沙、峭壁一起度过漫长的岁月？

为什么千古传颂的中国绘画杰作大多是几根疏竹，几枝虬梅，几株松柏，几叶兰草，几只鸦雀，几羽翎毛？即使是画奔马，也只有几匹？为什么虽有描绘繁华市井生活的鸿篇巨制，但它们在艺术上的声名地位却不如上述简约之作？

为什么中国的建筑多生动的飞檐，而又偏在山水之间、莽莽平原上迤逦排列，参差错落？北岳恒山上有一座筑于深渊之上的悬空寺，上下都是峭壁，只凭几根木桩支撑了千年岁月。

为什么选这么个令人心惊胆战的地方建造寺庙?

为什么陈子昂的一首短诗《登幽州台歌》——“前不见古人，后不见来者。念天地之悠悠，独怆然而涕下”竟被传诵至今，而且还将继续传诵?连刘邦的“大风起兮云飞扬”这么一句诗，也被一赞再赞，几乎妇孺皆知。为什么李白的诗更多是讴歌江山水月，却赢得千古的称颂?

为什么中国的戏曲，布景简单到近于无，而脸谱却百态纷呈，让所有的看客都怦然心动?

为什么中国传统的音乐，一笛一箫，一把二胡，一把琵琶，却能营造出诸多氛围?而最被称道的曲子，竟是《高山流水》一类“清淡”的乐曲?

我们还可以提出许多许多类似的问题。

中国的艺术贯穿着中国独特的美学观。既然中国传统的哲学认为“天人相谐”，人是自然的一部分，当然就极重视人工的创造同自然的和谐，讲究人的灵性在自然中受到陶冶升华。因而，中国的艺术大致走出一条“简约—繁华—简约”的道路，由简到繁再到“洗尽铅华”，重归质朴、自然，这是更高层次的质朴。所以，中国的美学观把返璞归真视为美的最高境界。只有在艺术品前调动起所有的想象力，从简朴中领悟到万象，从单纯中体味到多彩，才算有了美的灵性。因此，简略生动的线条，以及由此产生的绘画、书法、雕塑、建筑、舞蹈都是美，而不加雕饰的农民画、手工艺人的泥娃娃，也是美。只

摔琴谢知音图（局部）
旧传为宋代刘松年所作

要朴实、真切，充满想象，便被中国人所欣赏。这同强调人的力量、威严的艺术，是两种不同的美学观。

正因如此，中国的建筑讲究虚实结合，移步换景，借景生情，极力保持建筑与环境的协调。

陈子昂的短诗，正好说出了中国艺术家面对荒野上苍凉的古台所想到的悠远的历史，把横向景物同纵向的时间流程联系到一起，而生出自然与人类社会生生不息的感叹。这感叹触动了中国人特有的历史感，因而令人永久地复述。“江畔何人初见月？江月何年初照人”的感叹，也是中国哲学在文学中的渗透。一个没有悠远历史的民族是难以发出这样的喟叹的。中国古典文学中对寂寥的歌颂，具有极深的意韵。“大象无形”，在寂寞中含有无尽的声响，无尽的繁杂，恰如一切颜色的混合便是黑色一样，声与色的高度融合便是寂寥，时空万象的混合也是寂寥，这便是中国先民从佛学中领悟到的“空即有，空即色”的观念。这种观念常使创造者和审美者陷入幽远的情思而不由得潸然泪下，这是中国古典文学中常有的神韵。

所以，中国人会用彩色、线条搭配成脸谱象征忠奸贤愚，这是“象征主义”；又能用手脚、身体的律动构成流动的线条来表现复杂的情绪、思想，用想象来替代真实的布景，这又是“抽象主义”。这正是深邃的中国哲学所培植的丰富的艺术想象。

这个由简到繁再到简的艺术过程，走过漫长的路，而成为一个民族的共识。这就是为什么中国的艺术无论什么门类，都具有共同的特色与魅力的原因所在。返璞归真，崇尚自然、生动、平衡、和谐，是中国艺术的真髓。从这里出发，中国的艺术有几个独到之处。

第一，中国的艺术作品，尤其是文学与戏剧特别讲究道德评价。所谓高台教化，主要是指作者对所表现的人与事在道德上的臧否。对人物的道德评价是决定其为“好人”“坏人”的根本条件。虽然这有时会使人物不够立体化，但匡正世风、“干预生活”的传统却是极为鲜明的。

第二，既直面现实、贴近生活，又充满奇瑰的想象。从古至今流传下来的中国艺术作品，几乎都密切地反映着当时的生活，但又用种种绮丽的想象来表达自己的理想，所以，梦幻、神鬼、异域乃至“乌托邦”，都是中国艺术中表达理想的常见手段。

第三，作者同自己营造的艺术总有适当的距离，在其中又不在其中，即所谓的“间离感”，这是中国艺术中独有的魅力之一。无论是壮美、柔美、凄切哀婉之美、悲痛欲绝之美，作者都一面身在其中，体验这情绪，张扬这氛围；但另一面又身处其外，从容地欣赏自己手造的各种各样的境界，乃至欣赏自己的创造力。倘欣赏中国艺术品时不能掌握这分寸，就很难领会中国艺术家的内心世界。

第四，中国的艺术品极为讲究调动欣赏者的想象力，务使

明　唐寅　落霞孤鹜图（局部）

看客听者介入创作。中国艺术品忌“满”，而要留下许多空白让看客填补。所以从“接受美学”的角度对待创作，是中国艺术品久已有之的传统。在历史上，中国文艺家所建立的政治性的社团常见，而流派性的结社不多，就是因为中国文艺家都力求与“受体”和谐，追求创造者欣赏者的和谐统一。

第五，中国的艺术讲究“表现”，不大讲究“再现”。因此，中国的艺术特别强调创造者对生活的体验、认知与感受，强调用自己的方式传达出、表现出自己的理念。所以，象征、抽象等手法就成为自然的事情。

叁

中国传统艺术对世界的影响

中国的艺术是世界艺术的一部分。世界上并不存在一种固定模式的、现成的“世界文学”“世界艺术”。所谓世界的，即应是各国各地域各民族的。没有中国艺术的“世界艺术”至少是残缺的。中国的艺术历来向所有的艺术打开大门。但是所有的外来艺术几乎无一例外都会经历一个被中国人融会、改造的过程，使它本土化，使它能为中国人所接受。凡是经历了这个过程的，便被中国群众所承认；凡是没有经历这一过程的，便难以在中国立足。所谓“民族化”，一是张扬本民族的传统，一是将外来文化消化吸收变为本民族文化的一部分。中国文化的博大精深，正是吸收外来优秀文化，又扬己之长而形成的。

中国艺术在吸收外来艺术的同时，也影响着世界艺术。在近现代艺术中，我们至少知道有几位大师是从中国艺术中获得过巨大启示的。

梅兰芳这位中国京剧艺术大师曾经赴欧洲演出。20 世纪 30 年代他的莫斯科之行，震动了有悠久艺术传统的苏联。梅兰芳表演的京剧，其结构及程式的魅力、大师本人水袖舞蹈那变化多姿的美的线条，震惊了电影大师、蒙太奇语言的创造者之一爱森斯坦。他的蒙太奇句法同中国京剧的结构与程式那样

清　百幅京剧人物图

相似或相同；他承认他的电影画面设计思想，很多来自东方的绘画。

梅兰芳的京剧表演，同样也让德国的戏剧大师布莱希特惊奇。京剧简约的程式，间离效果那样强烈的表现手段，正是他梦寐以求的理想戏剧。他一直在探索怎样让观众既走进剧情，又能清醒地欣赏剧情的美，现在他终于找到了早已在纯熟地应用种种手段达到这一效果的京剧。于是他借助京剧创造了布莱希特体系，成为现代戏剧的一大流派。

西班牙的伟大画家毕加索认为从中国绘画和戏剧中可以看出颜色有怎样丰富的表现力，对于色彩，中国的艺术家绝对可以给世界以启示。

由于强调创作个性，在很长的时期里，西方一直将创作者视为艺术的“上帝”，受众只能仰

梅兰芳　京剧《天女散花》剧照

承文艺家赐给的甘露。直到 20 世纪 60 年代末，德国康斯坦茨大学教授汉斯·罗伯特·姚斯才创建了接受美学理论，指出受众（读者、观众、听众）不仅是艺术作品价值的最终实现者，而且还是艺术再生产过程的动力，将“上帝”的位置腾给了欣赏者。如今，这是文艺理论中最时髦的理论之一。我们难以断言汉斯教授是否从中国传统艺术中得到过什么启示，但他发现的西方艺术中所缺少的接受美学，正是中国艺术中习以为常的东西。只是中国的古典文论还没有把这些观念系统化而成为一门学问，这是要向接受美学的创建者汉斯教授认真地学习的。

20 世纪末，随着未来学家关于下一世纪是东方文化世纪的预言的出现，一股东方文化热正在勃兴。从音乐到建筑、雕塑、舞蹈、武术，中国文化正在西方盛行，连西方上流社会女性的时装及礼服也明显地中国化。在一批中国人“趋洋”的同时，西方人正在“趋华”。这很像“两股道上跑的车”，不过，轨道是相接的，东西方优秀文化的相融互补，是迟早都会到来的事。

第六章 优秀的军事文化

辽　内蒙古扎鲁特旗浩特花1号墓后甬道东壁壁画

中华民族崇尚和平，但在民族统一的过程中，在历史朝代的嬗变中，在抵御外侮中，同样有铁马金戈、战火烽烟。所有国家都有自己保障安全的理论和军事战争的学说。数千年的历史，也蕴含着战争史，这使中国的军事文化也格外丰富和独特。中国传统的哲学和政治学说成为中国军事文化的核心，许多精辟的论点令各国军事家折服。春秋时代的大军事家孙子的著作《孙子兵法》，被译成多种文字，广为传播。

壹

独特的传统战争哲学

“不战而胜”

普鲁士人克劳塞维茨写于 19 世纪上半期的《战争论》，是世界公认的军事学杰作，是西方战争思想的指导。克劳塞维茨说：“战争是一种暴力行为，而暴力的使用是没有限度的。”在这一理论指导下，西方许多军事家倾向于无限制使用军事力量，重视武器，崇尚“完全”的征服。但在核武器出现后，许多军事家不得不考虑“无限制使用暴力”理论的准确性。因为无限制的暴力可能会导致自我毁灭或同归于尽。于是，20 世纪末期战争“逐步升级论”出现了，力求“不战而胜”。

“不战而胜”，是中国古代军事理论的重要思想。提出这一理论思想的孙子（名武）生于公元前 500 多年，与孔子同时代。他为齐国人，后又至吴国，与伍子胥一同辅佐吴王阖闾，在吴国兴起的历史过程中起了强有力的作用。他的卒年已不可考，只知道他的墓就在苏州，他的灵魂依旧行散于他施展才华的土地上。在这里，他写出了至今仍让世界叹服的著作——《孙子兵法》。

还有一部兵法是另一位孙子即孙膑所著。孙膑据说是孙武的后代，比孙武迟生 100 多年，仕于齐，故又称齐孙子，以与仕于吴的孙子相区别。孙家真是个伟大的兵家之族。《孙子兵法》13 篇为吴孙子（孙武）所著。1972 年，在山东临沂银雀山一座西汉初期的墓葬中出土了一部《孙膑兵法》，使它在失传 1000 多年之后重见天日，证实了两位孙子的两部兵法都是中国文化之瑰宝。

孙武彩像

《孙子兵法》中有一句令世界军事家倾倒的话："是故百战百胜，非善之善者也；不战而屈人之兵，善之善者也。"打败人家并不是什么好事，只有不打就让人家的军队服从你，那才是极高明的。孙子主张首先用谋略去战胜敌人，其次是在外交上制服敌人，再次是进攻敌人的军队，最后才是攻城略地。这说明孙子的战争"逐步升级论"要比 20 世纪 90 年代的战争"逐步升级论"早了 2000 多年。

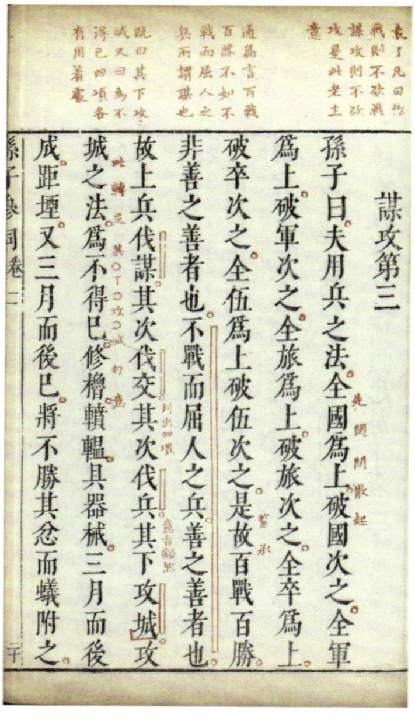

謀攻第三

孫子曰夫用兵之法全國爲上破國次之全軍爲上破軍次之全旅爲上破旅次之全卒爲上破卒次之全伍爲上破伍次之是故百戰百勝非善之善者也不戰而屈人之兵善之善者也故上兵伐謀其次伐交其次伐兵其下攻城攻城之法爲不得已修櫓轒轀具器械三月而後成距堙又三月而後已將不勝其忿而蟻附之

《孙子兵法》书影

中国的兵法之所以崇尚"不战而胜"，是因为对战争有深刻的认识，对战争的后果有清醒的评估。

老子说："兵者，不祥之器，

非君子之器。不得已而用之，恬淡为上，胜而不美。”他所说的“兵”，有学者释为“兵器”，但也可引申为战争。他认为战争不是什么好事情，只有不得已之时才能打仗。应当把战争放在更大的目标之下，审慎地思考，冷静地处理。不争不斗、恬适平淡的日子才是好日子。

孙子认为，战争必将严重地损耗国力，而且在复杂的环境中很难保证不会有人乘机取得战争的好处；战争过后，就算能干的君王有时也难以收拾局面而善其后。

既然如此，战争这东西不能有又不能没有，因此，中国的哲人主张战争必须受“仁”与“道”的控制。这就是中国兵法中独特的哲学思想。

老子认为，凡以“道”辅佐君主者，绝不以战争称霸于天下。政事与国事、人事都便于融通转圜，易于解决。须知，打仗可没什么好处，争伐所至，遍地荆蒿，庄稼不生；大军过后，残杀、恶斗与混乱必定接二连三。

孙子认为，真正会用兵的人，一定会保证生活与和平的秩序、法则，因此，能掌握克敌制胜的政策。有道的智者能使君民上下有同一的共识，可以为那共识而生、而死，从不畏惧艰难险阻。

孟子认为，仁人君子必无敌于天下，以仁者之师去攻伐不仁不义者，必能胜利，而不至于弄到血流漂杵的地步。他的“仁者无敌”“得道者多助，失道者寡助”的名言，几乎所有的中国人都耳熟能详。

中国传统的政治文化中，历来讲“民本主义”，认为“民为邦本”“水能载舟，亦能覆舟”。因此，在中国军事文化中，也总是以“仁”“道”来作为战争的评价准绳，其价值标准是否有利于民。古代的《司马法》中说：“攻其国，爱其民，攻之可也；以战止战，虽战可也。”倘若攻打他国，而爱护他国的百姓，那么攻打就是有仁有道，可以放手去攻打；用战争制止战争，虽说是打仗，但于理于情都说得通，可以去打。又说：“战道，不违时，不历民病，所以爱吾民也。”战争之道，在于虽然不得不为，但应不误农时，不在疾病流行时兴兵作战，这也是在爱护自己的民众。

“义”的原则

春秋时期，诸侯争霸，被称为“春秋无义战”。这血腥的事实使得先贤特别强调战争的性质。可以说，中国传统的军事思想中强调“义”的原则，正是对历史教训参悟的结晶。

因此，中国军事家总是重视战争的性质是否“正义”，战争的名义是否“爱民”。因此，“吊民伐罪”“救民于水火”“解民于倒悬”“只诛罪魁祸首，不罪平民百姓”等，就成了战争中常用的口号。正义之战可为之，而非正义之战不可为。正义之师，师出有名，为历代军事家所重，被认为是取胜的根本，是士气高昂的基础。

中国的军事哲学，首先判定战争的道德标准，以“义”为准。西方的战争哲学则多以“利”作为取舍的标准，这是二者最大的不同。自然，这二者也无孰优孰劣的区别，只是不同价值观念的反映罢了。中国的军事文化以“仁”“道”作为控制手段，不使战争发展到无度的状态，不迷信武力，更不会无限制地使用暴力，而致力于“不战而胜”。这种古老的战争哲学今天又焕发了青春，激发起军事家的灵感。

贰

军事文化中的谋略思想

大战略思想

克劳塞维茨说："战争无非是政治通过另一种手段的继续。"这个观点被普遍接受，成了世界各国政治家、军事家指导战争的基本出发点。当用和平手段无法解决政治问题或政治斗争激烈到无法调和时便诉诸战争，而战争的目的则是使政治问题按照一方的意愿获得解决，这是克劳塞维茨的战略观。

《孙子兵法》开宗明义第一句就说："兵者，国之大事，死生之地，存亡之道，不可不察也。"将战争看作关于国家存亡、民族绝续的大事而加以考虑的思想，是中国传统军事文化中的大战略思想，要比克劳塞维茨的战略观审慎、深刻、全面得多。不管政治的斗争何等尖锐、激烈，在诉诸战争前都要考虑国家、民族生死存亡、兴衰绝续的问题，而不得轻易动武。这不仅表现出中华民族爱好和平的本性，而且表现了对战争更深刻的认识。英国的军事理论家利德尔·哈特在对比了克劳塞维茨和孙子的战略观点后，提出以下看法：在过去所有的军事家中，唯有克劳塞维茨可以与孙子相提并论。然而，克劳塞维茨著书立说的时间比孙子晚了2000多年，他在观点上却比孙子落后，而且有些观点已经过时。相比之下，孙子看问题更加敏锐，更加深刻，他的学说具有不朽的生命力。

金协中　彩绘全本三国演义之诸葛亮舌战群儒

中国独特的军事文化中，重视整体大战略的思想在孙武之前就早已有之。春秋时代托名为姜尚（姜太公）所著的兵书《六韬》就是从政治、教化、谋略、外交、军事诸多方面论述一个国家的大战略的。《孙子兵法》中说："故经之以五事，校之以计，而索其情。一曰道，二曰天，三曰地，四曰将，五曰法。"这些话体现了从政治、天时、地利、将帅、法制考虑，制定战略的整体大战略思想。《孙子兵法》传世13篇，分别是：计、作战、谋攻、形、势、虚实、军争、九变、行军、地形、九地、火攻、用间。这13篇实际上是将政治、外交、心理等因素用于战争，很有现代"总体战"的大模样。

在这种思想的熏陶下，中国产生了一代又一代的大战略家：春秋战国时期，孙武之外还有孙膑；汉高祖刘邦曾赞许军事家张良"运筹帷幄之中，决胜千里之外"；韩信、曹操也是著名的兵家；诸葛亮更被形容为智者的化身，他总是从政治、经济、地理、文化乃至天时、地利、人和诸方面对战争进行全面的大战略考量，预估未来政治、军事的发展概貌。这一传统使中国2000多年来有文化、有谋略、懂政治、懂军事的战略家层出不穷。他们被称为儒将，与那些能征惯战的武将相配合，上演了一出又一出精彩的战争活剧。所谓"文韬武略"便是对这种结合最好的概括。

谋略制胜

中国传统的军事文化除重视大战略外，还重视谋略。如三十六计就是极好的典型。力求以谋略制胜，以达到不战而胜的精彩境界，最大可能地减少战争的损失。

中国的战略家从来都把“仁”（即正义）作为谋略的道德标准，以谋略取胜而屈人之兵，便是“仁”。谋略而胜是战争的最高境界。因此，战争是智慧的竞争，只要为了“仁”，可以尽情发挥军事家的智慧才能。“兵者，诡道也。”中国军事文化中的谋略不是无原则、无道德的狡猾，而恰恰是维护“仁”“义”“道”的手段。2000多年来，军事家使用谋略从未引发过大的道德争论。因为军事家在使用谋略上有个共识，即谋略为仁，而不讲谋略、一味征伐才是不仁。孙子说：“凡兴师十万，出征千里，百姓之费，公家之奉，日费千金；内外骚动，怠于道路，不得操事者，七十万家。相守数年，以争一日之胜，而爱爵禄百金，不知敌之情者，不仁之至也，非人之将也，非主之佐也，非胜之主也。”那种动辄兴兵十万，劳民伤财，相持不下，希望一战而胜、获取个人名禄，却不知敌情者，是不仁到家了。这种人不是好将领，不配辅佐人君，也不是能取胜的君王。

可见，孙子极重视“知敌之情”。知敌情，便要“先知”：“先知者，不可取于鬼神，不可象于事，不可验于度，必取于人，知敌之情者也。”要先知，就得从知敌情的人那里去取得敌情资料，间谍就成为必需；于是就有了世界上最早的间谍理论——《孙子兵法·用间篇》。

“知彼知己者，百战不殆”是孙子的名言。为了知己，就要研究自己的全部情况；为了知彼，情报战就成了头等大事。在公开与隐秘的情报战中，我们应当牢记的是谋略的基础——“仁”，即正义。

叁

军事文化对世界的影响

《孙子兵法》在战国时广为流传。大约在公元8世纪时，《孙子兵法》传入日本，奈良时代的吉备真备把《孙子兵法》带回日本，并且向当时的宫廷讲授。日本战国时代的军事家武田信玄把《孙子兵法》中的“其疾如风，其徐如林，侵掠如火，不动如山”中的“风”“林”“火”“山”四个字写在旗帜上，鼓舞士气。如今日本的漫画还大画特画孙子及其兵法，成为大人、孩子爱看的读物。18世纪后，《孙子兵法》陆续被译为法、英、德、捷、俄等多种文字，受到各国军事家的普遍重视。据说，德国的威廉二世皇帝在看到《孙子兵法》后，痛悔不迭。他认为，倘若早得此书，他就不会在欧洲战争中失败了。

有一位西方汉学家写了一本论三十六计的书，只论述了十八计就引起西方巨大的轰动，有的外国政治家也称此书对从政大有裨益。中国的军事文化令世人惊叹，古老的智慧正激荡今人的心灵。

日本的军事评论家认为《孙子兵法》虽古老，却具有非常出色的现代性。日本的经济界人士甚至根据《孙子兵法》中的谋略制定他们在经济战中的策略。韩国、新加坡等周边国家的有识之士也纷纷把中国的兵法运用于经济，且大放异彩。

孙子操练女兵图

中国军事文化的影响早已超出了军事的范畴，中国军事家的谋略思想启发了各行各业人士：经济上的宏观与微观正是战略与策略的关系；政治家以中国的韬略竞选、治国；股票交易中也谋略迭出，斗智斗勇；体育竞赛中，运动员的出场顺序、战术安排，无不体现谋略；以《孙子兵法》治厂治企业，正成为现代企业家的风格之一。

孙武等兵家若灵魂有知，必在天际微笑，他们的睿智绵延了 2000 多年，还将绵延无尽。

后记

《中国读本》近年来收获了许多褒奖，发行数量也在继续上升。在各种读物的滚滚波涛中，能浮在水面上，不至淹死，我知道，这是读者的功劳。倘或没有读者的青睐，这本非小说读物不可能有如此的成绩。现在全世界听见了中国日益响亮的前进的脚步声，了解中国的欲望也一天天地强烈，这就使得这本书获得了更多国家、更多读者的认可。坦率地说，这使我在高兴的同时，又有了不安和忐忑：我必须根据不断变化的实情，修改和增删本书的内容，即使是资料的变化或者考古学的新发现，都必须跟得上现实的发展，而这种发展简直是瞬息万变。思维、观念尽管常常落后于客观世界的嬗变，但更新也在日月之间。例如，如今时髦的媒体正争先恐后地使用网络语言。当然，本书不可能挺立潮头，做这种短命语言的“弄潮儿”，在学术上也不会追赶各种变化无常的观点。但是在各种浮丽的观点中站稳脚跟，既要反映学术最新的进展，又要直陈真理，的确是我的追求，也是我的才力之不逮。我有时瞎想，我这后半生大约都得交代给这本书，时时变化的现实的鞭子会不断地抽打我的灵魂，只要我还想与时俱进，不欺骗读者，我就得修改本书，直至我与书共亡。或者会想出个办法，例如在书后附加更正细目。不过一想这更正有一天会长达数页，不用说读者，我这作者就先气短。要是更正长过本书，那就是犯罪了。倘或，隔几天就出一本祖国发展新资料及最新学说的册子，这本书也就寿终正寝。这算不算发展中的“苦恼”哇。

大自然正在教训人类，我们正在不得不渐渐修正我们对客观世界的认识，连带我们对人类自身及社会发展的认知也在变化之中。这次日本大地震、海啸和核泄漏所引起的自然环境的变化，必然会引起思想界和科学界的深长思索和观念变化。其实这些变化无时不在，不过有时不这样剧烈或明显。一个思想家、学者、诗人、艺术家，一个政治家，当然应当时时关注这些变化，不断调整自己的认识。但是这需要高的立足点、深的思索，这不是我的长处。我只是愿意不断学习，求新知，向前进，不愧对读者对我的厚爱。这就是我对这本书持不断修订态度的原因。

苏叔阳

2011 年 4 月 16 日

出版后记

1998年，中国加入WTO在即，世界迫切需要了解中国。苏叔阳先生有感于此，决心创作一部阐释中国文化的“定本”——《中国读本》，使它能够走向世界。《中国读本》花费了先生大量精力，他读了几百本书，简而精地把五千年中华文明浓缩成十几万字，几乎每写完一稿他都要大病一场。先生自述道：“它给我带来了无穷无尽的苦闷和乐趣。写作过程中我沉入激情和想象里，让自己好像进入时光隧道亲临多彩的历史，写起来才有滋有味；对历史如果缺乏激情和想象，就会把历史看成一杯白开水。”正是先生对祖国无限的热爱，传播中华文明的宏愿，再加上诗意的笔法，成功造就了《中国读本》。《中国读本》出版后，迅速引起社会热议，累计印行1500万册，翻译成十余种外文，获得了包括国家图书奖、中宣部“五个一工程”奖在内的多种奖项，成为“中国”话题的“现象级”出版物。

23年后的今天，世界正面临百年未有之大变局，推动构建人类命运共同体是弘扬全人类共同价值的必然要求，向世界传播中华优秀传统文化、建立广泛共识，应该是当代中国人的主流诉求，也是学界和我等出版人之责任。“中国”“中国历史”“中国文化”“中华文明”已然成为显学，出版界也出现了不少这一主题的优秀作品。而《中国读本》依然长销，时常为读者惦念，自有其不可替代的价值。

我们认为，《中国读本》这种平和如水、娓娓而谈的文字风格，平等交流而非强力说服的姿态，弥足珍贵。讲好中国故事，让世界了解中国文化，构建广泛共识，应该正是先生写作《中国读本》的初心吧！《中国读本》再版，非为求剑而刻舟，或是曲水以流觞。令人悲痛的是，苏先生已于2019年离开了我们。在先生家属的大力支持下，我社安排编辑具体负责这一版本的修订工作。

此次再版，我们主要做了以下具体工作：一是修订与勘误，依据国家政策变化、地名变更、考古新发现、数据更新、语言文字规范调整等对少量内容进行了更正；二是提升图书文化内涵与可读性，补充了200幅图片，包括文物图像、国内风光摄影作品、新闻照片、历代艺术画作等。后者意义不在于使图书更精美，我们更希望能为中华文明共同体的建设做些具体工作。

我们热切盼望，新版《中国读本》在新时代焕发新彩，让更多的国内外读者读懂中国——这是古老的中国，这是诗性的中国，这是昂扬的中国，这是世界的中国。

广西教育出版社

2021年8月